Michael Klein-Landeck

55 Methoden Englisch

einfach, kreativ, motivierend

Auer

4. Auflage 2023

Autor*innen: Michael Klein-Landeck
Illustrationen: Stephan Wollweber, Thorsten Trantow, Steffen Jähde
Satz: Typographie & Computer, Krefeld
Druck und Bindung: Franz X. Stückle Druck und Verlag, Ettenheim
ISBN 978-3-403-**07172**-3

www.auer-verlag.de

Einleitung 4

1 Englische Vokabeln lernen (Wortschatz) 6
1.1 Vokabelheft 6
1.2 Vokabeltrainer 7
1.3 Vokabeln mit allen Sinnen 8
1.4 Vokabelkartei 9
1.5 Wörterbuchtraining 10
1.6 Ideensonne 11
1.7 Mindmap 12

2 Englische Texte lesen und verstehen (Lesekompetenz) 13
2.1 English corner 13
2.2 Total physical response 14
2.3 Mixed-up stories (Verwechslungsgeschichten) 15
2.4 Standbild 16
2.5 Reading house 17
2.6 Reziprokes Lesen 18
2.7 Fünf-Gang-Lesemethode 19
2.8 Lautes Lesen 20
2.9 Vorlesewettbewerb 21

3 Englisch sprechen, argumentieren und präsentieren (Sprachkompetenz) 22
3.1 Three minutes talk 22
3.2 Placemat 23
3.3 Positionslinie 24
3.4 Think – pair – share (1 – 2 – alle) 25
3.5 Walk and talk 26
3.6 Fishbowl 27
3.7 Holiday Museum – Urlaubsmitbringsel vorstellen 28
3.8 Kurzvorträge halten 29
3.9 Gallery walk (Museumsrundgang) 30
3.10 Vier-Ecken-Methode 31
3.11 Interview 32

4 Englisch hören und verstehen (Hörkompetenz) 33
4.1 Bewegungsspiele 33
4.2 Wettkampfspiele 34
4.3 Pre-, while- and post-listening activities (Hörverstehensübungen) 35
4.4 Traumreise 36
4.5 Echo-Methode 37

5 Englische Wörter und Texte schreiben (Schreibkompetenz) 38
5.1 Laufdiktat 38
5.2 Satzbaukasten 39
5.3 Kreative Schreibanlässe 40
5.4 Spickzettelmethode 41
5.5 Stummes (Stilles) Schreibgespräch 42

6 Feedback, Selbsteinschätzung und Vorbereitung 43
6.1 Feedback zum Referat 43
6.2 Feedback an den Englischlehrer 44
6.3 Feedback zum Wochenplan 45
6.4 Selbsteinschätzung: Leistungsstand 46
6.5 Selbsteinschätzung: Freiarbeit 47
6.6 Vorbereitung auf Klassenarbeiten 48
6.7 Lehrwerk-Rallye: Orientierung im Englischbuch 49

7 Arbeitsformen und Lernarrangements 50
7.1 Lerntheke 50
7.2 Lernzirkel 51
7.3 Stationenlernen 52
7.4 Wochenplan und Freiarbeit 53
7.5 Gruppenarbeit 54
7.6 Lernspirale 55
7.7 Wachsende Gruppe 56
7.8 Kugellager 57
7.9 Gruppenpuzzle 58
7.10 Graffiti 59
7.11 Projektarbeit 60

Index 62

Methoden im Englischunterricht

Sie planen Ihren Englischunterricht und legen Lernziele fest. Sie wählen geeignete Inhalte aus (WAS?) und überlegen, auf welchem Wege Schüler[1] die Themen am besten bearbeiten können (WIE?). Sie müssen sich für bestimmte Lern- und Arbeitstechniken entscheiden, zwischen Unterrichts-, Aktions- sowie Lehr- und Lernformen wählen; Sie sollen verschiedene Lernarrangements, Handlungsmuster sowie ausgewählte Lernstrategien und Lernkompetenzen zusammenstellen ... Oh je, was für Begriffswirrwarr! Blicken Sie da noch durch?

Der vorliegende Band ist so gehalten, dass schlicht und ergreifend **Methoden** vorgestellt werden, die Ihnen bei der Gestaltung des WIE? im Englischunterricht behilflich sein sollen. Mit „Methode" (griech. „der Weg") wird hier ganz allgemein eine **systematische Vorgehensweise** bzw. ein **Verfahren** bezeichnet. Bezogen auf den Englischunterricht soll eine Methode als Antwort auf folgende Fragen dienen:

- Auf welchem Weg lernen Schüler am besten?
- Wie gelingt es ihnen, Aufgaben zu bewältigen und Neues zu lernen?
- Wie können Schüler ihre Arbeit sinnvoll organisieren?
- Wie gelangen sie sicher zum Erwerb von Wissen, Fähigkeiten und Fertigkeiten?
- Wie gewinnen die Schüler nachhaltig Einsichten und Erkenntnisse?
- Wie eignen sie sich dieses Wissen gezielt an?

Die Methoden in diesem Band sollen zeigen, wie Schüler im Englischunterricht ihren Wortschatz erweitern (Kap. 1), wie sie ihre Lese-, Schreib-, Hör- und Sprechkompetenz entwickeln (Kap. 2–5), wie sie ihr Lernen zunehmend selbstständig organisieren (Kap. 6) und wie eigenverantwortliches Lernen in kooperativen Arbeitsformen gelingt (Kap. 7). Ein Schwerpunkt liegt auf der Förderung der mündlichen Sprachkompetenz. Aufgrund der zunehmenden Abkehr vom lehrerzentrierten Frontalunterricht wird deutlich, dass Methoden nicht nur für Lehrer von Bedeutung sind. Auch für die Schüler ist die Beherrschung von Lernmethoden eine wichtige Schlüsselkompetenz.

Auswahl und Anwendung der Methoden

Die hier ausgewählten 55 Methoden Englisch sind erprobt und bewährt. Sie sind von einfachen bis hin zu komplexeren Methoden angeordnet und sollen dazu anregen, Neues auszuprobieren, Bekanntes wiederzuentdecken und einen methodisch abwechslungsreichen Englischunterricht zu gestalten. Natürlich ist weniger manchmal mehr und nicht jeder Schüler ist direkt zugänglich für eine neue Arbeitsweise.

Jede neue Methode muss gut erklärt, in Ruhe eingeführt und regelmäßig genutzt werden, am besten im laufenden Unterricht anhand aktueller Themen. Die jeweilige Methode sollte immer zweckdienlich sein, denn Schüler sind sensibel für „methodischen Schnickschnack" und merken, wenn sich etwas auch einfacher erreichen ließe. Sinn und Vorzug einer Methode müssen einleuchten, sonst kann es zur Blockadehaltung kommen.

1 Aufgrund der besseren Lesbarkeit ist in diesem Buch mit Schüler auch immer Schülerin gemeint, ebenso verhält es sich mit Lehrer und Lehrerin etc.

Für die in Kapitel 7 dargestellten Methoden gilt, dass Grundregeln wie die Einsprachigkeit oder das Benutzen der Flüsterstimme eingehalten werden müssen. Auch der oft mit dem Verrücken von Stühlen und Tischen verbundene Wechsel der Sozialformen will geübt sein, damit er schnell und leise erfolgt. Das lässt sich in Teilgruppen leichter einführen. Regelmäßige Feedbackrunden dienen der Vergewisserung, ob die Regeln beachtet wurden. Schließlich ist zu bedenken, dass eine Methode in der einen Lerngruppe vielleicht funktioniert, in einer anderen aber leider nicht. Das kommt vor und hängt nicht zuletzt vom jeweils erreichten Grad methodischer Kompetenzen bei den Schülern ab.

Aufbau der Handreichung

Die Darstellung der 55 Methoden erfolgt im Wesentlichen immer nach demselben Schema:

Die **Kopfzeile** gibt Hinweise darauf, ab welcher Jahrgangsstufe die Einführung und der Einsatz sinnvoll sind. Sie gibt auch an, wie lange die ungefähre Dauer ist. Diese Angaben haben orientierenden Charakter. Die tatsächliche Dauer kann je nach Lerngruppe und Unterrichtssituation variieren.

In der **Kurzbeschreibung** wird die Methode kurz vorgestellt und erläutert. Wenn bestimmte Voraussetzungen bei den Schülern gegeben sein müssen oder wenn Material vorzubereiten ist, so ist dies am Ende der Kurzbeschreibung vermerkt.

Bei der **Darstellung der Methode** werden viele praktische Tipps gegeben.

Es folgen gelungene **Beispiele** aus dem Englischunterricht.

Unter **weitere Hinweise** finden sich ergänzende Informationen zur jeweiligen Methode, Varianten oder Alternativen.

Alle weiteren angesprochenen **Methoden** sind mit **Fettdruck** hervorgehoben.

Für bestimmte, wiederkehrende Begriffe wurden zu besseren Orientierung die folgenden Icons verwendet:

 = Dauer

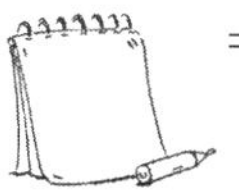 = Material (das über die normale Ausstattung wie Tafel, Papier, Stifte usw. benötigt wird) und / oder Voraussetzungen

Im **Index** am Ende des Buches finden Sie alle dargestellten Methoden sowie weitere wichtige Schlüsselbegriffe in alphabetischer Reihenfolge aufgelistet.

Und nun kann es eigentlich losgehen …

Ich wünsche Ihnen und Ihren Schülern viel Spaß und Erfolg mit den 55 Methoden Englisch!

Michael Klein-Landeck

Kurzbeschreibung der Methode:

Das Führen eines Vokabelheftes ist eine verbreitete Methode der Wortschatzarbeit. Sie bedarf der gezielten Einführung und fortlaufenden Pflege.

zweispaltiges Vokabelheft

Durchführung:

- Die Schüler schreiben die neuen Vokabeln fehlerfrei in ihr Vokabelheft (englisch-deutsch) und lesen alle Wörter noch einmal aufmerksam durch.
- Dann decken sie die rechte Spalte mit einem leeren Blatt ab und übersetzen das Wort in Gedanken oder schreiben die Übersetzung an den Rand des Blattes.
- Sie überprüfen sich durch das Wegziehen des Blattes auf Richtigkeit.
- Nun versuchen sie es andersherum, indem sie die linke Spalte abdecken. Problemwörter werden gesondert geübt.
- Die Schüler wiederholen die Übung am nächsten Tag.
- Mehrere kurze Übungsphasen verteilt über die Woche sind sinnvoller als ein langer „Übungsmarathon".

Weitere Hinweise:

Zu zweit geht es oft besser! Die Schüler lernen ihre Vokabeln zusammen mit einem oder mehreren Klassenkameraden, indem sie sich gegenseitig „abhören".

Nach dem ersten Einprägen folgt das vielseitige Anwenden und Üben neuer Vokabeln. Jüngere Schüler lieben Lern- und Wettkampfspiele, die sich leicht im Unterricht inszenieren lassen.

Für ältere Schüler gewinnen anspruchsvolle Übungsformen und die angemessene Kontextualisierung englischer Wörter an Bedeutung, z. B.:

1. Der Lehrer stellt einen Sachverhalt dar, die Schüler hören aufmerksam zu und suchen den passenden Begriff. (L: *New York City has got five of them.* S: *Boroughs*)
2. Der Lehrer nennt einen Begriff, die Schüler müssen ihn definieren bzw. umschreiben. (L: *Subway S: A means of transport.* Oder: *The American English word for "Underground".*)
3. Der Lehrer nennt einen Begriff, die Schüler verwenden diesen in einem sinnvollen Satz. (L: *Skyscraper* S: *Hundreds of people live or work in a skyscraper.*)

Kurzbeschreibung der Methode:

Die Arbeit mit dem Vokabeltrainer fördert das nachhaltige Lernen von Vokabeln und kann den Unterricht sinnvoll vor- oder nachbereiten. Durch wiederholtes Schreiben wird die korrekte Schreibweise trainiert und prägt sich leichter ein.

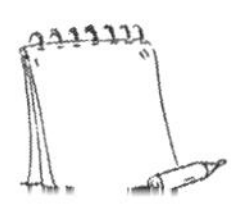

Vokabeltrainer mit 6–8 Spalten und ca. 15 Zeilen

Durchführung:

- Das Beispiel zeigt den Aufbau eines Vokabeltrainers zum Thema *school subjects*. In den ersten beiden Spalten sind englische Beispielvokabeln und die deutsche Übersetzung vorgegeben. Die übrigen Spalten bleiben zunächst frei.
- Der Schüler liest die Begriffe und prägt sie sich ein. Anschließend klappt er die erste Spalte um und schreibt das englische Wort aus der Erinnerung in die freie dritte Spalte. Zur Überprüfung dreht er das Blatt wieder um.
- Nun klappt der Schüler die ersten beiden Spalten weg und trägt die deutschen Begriffe in die freie vierte Spalte ein, neben die von ihm geschriebenen englischen Wörter der dritten Spalte. Diese Arbeit wird fortgesetzt, bis alle Felder beschriftet sind.

Beispiel:

English	German	English	German	English	German
history	Geschichte				
maths	Mathe				
biology	Biologie				
art	Kunst				
p.e.	Sport				

Weitere Hinweise:

Die Erstellung des Vokabeltrainers am PC erleichtert die Arbeit und erspart unnötige Lesefehler.

Kurzbeschreibung der Methode:

Beim Vokabellernen sind der Fantasie keine Grenzen gesetzt: Die Schüler sollten verschiedene Methoden kennenlernen, um herauszufinden, wie sie persönlich am besten lernen. Nachfolgend werden einige Methoden zum „Lernen mit allen Sinnen“ vorgestellt.

Beispiele:

1. Der Schüler schreibt englische Wörter, die er sich nur schwer merken kann, auf Zettel und hängt diese zu Hause an seine Pinnwand oder Zimmertür. So sind die „Problemwörter“ ständig sichtbar und prägen sich (hoffentlich!) besser ein.

2. Die Schüler beschriften Karteikarten mit je einem Begriff (Vorderseite: englisch, Rückseite: deutsch) und legen eine kleine Lernkartei an. Diese können sie überallhin mitnehmen.
3. Gegensatzpaare (*opposites*) prägen sich oft leichter ein als Einzelbegriffe (*old – young, pretty – ugly, tall – small, long – short* etc.)
4. Bei der Einführung neuer Vokabeln schließen die Schüler die Augen und stellen sich zu jedem Wort ein Bild, ein Ereignis oder eine Farbe vor, die sie damit verbinden.
5. Beim **Mönchsgang** stellen sich die Schüler auf dem Schulhof in gleich langen Reihen hintereinander auf. Der Lehrer gibt ein mit seinen drei Formen bereits bekanntes Verb vor, z. B. *go*, die Klasse antwortet im Chor, z. B. *go – went – gone,* und macht bei jedem Wort einen Schritt vorwärts (lustiger: rückwärts!), sodass sich die Gruppe mehr oder weniger gleichmäßig über den Hof bewegt. Das Gehen fördert das leichtere Einprägen der grammatischen Formen.
6. Jeder Schüler erhält ein DIN-A4-Blatt, auf dem jeweils eine Form eines unregelmäßigen Verbs steht. Bei der Verteilung ist darauf zu achten, dass jeweils alle Formen einmal vergeben werden. Die Schüler suchen sich dann ihre zugehörigen „Partner“ , z. B. *do – did – done, catch – caught – caught* etc. und stellen sich zusammen auf.
7. Die Schüler machen Audioaufnahmen und sprechen jeweils ein englisches Wort auf Band. Dann folgt eine Pause und nach der Pause die deutsche Übersetzung. In einem zweiten Durchgang sprechen sie direkt nach dem englischen Wort das deutsche in das Aufnahmegerät. Die nachfolgende, bereits aufgenommene deutsche Übersetzung dient der Kontrolle.

Kurzbeschreibung der Methode:

Eine Vokabelkartei oder **Lernbox** ist ein flexibel einsetzbares Hilfsmittel. Es kann leicht erweitert und auf individuelle Lernbedürfnisse abgestimmt werden.

Karteikarten, Karteikartenkasten

Durchführung:

- Der Schüler beschriftet die Karteikarten (Vorderseite: englisch, Rückseite: deutsch) mit je einem Begriff. Die Karteikarten kommen in das erste Fach.
- Die Wörter werden nacheinander geübt. Wenn ein Wort „sitzt", wandert die Karte in das nächste Fach. Ein nicht gewusstes Wort verbleibt im ersten Fach.
- Die Karten im ersten Fach werden täglich wiederholt, die Karten in den anderen Fächern im selbst gewählten Rhythmus, z. B. einmal die Woche, alle zwei Wochen etc. Wenn die Wörter beherrscht werden, können sie immer weiter nach hinten einsortiert werden, bis sie im letzten Fach angekommen sind. Nach einer letzten Überprüfung können sie dann „ausgemustert" werden. Nicht gewusste Wörter wandern ins erste Fach zurück.

Beispiele:

1. Aktuelle Vokabeln auf Karteikarten schreiben, die Vokabeln zurückliegender Lektionen verbleiben je nach Bedarf ebenfalls in der Kartei.
2. Die Schüler üben mit der **Lernbox** die *irregular verbs*. Die Liste der Verben wird fortlaufend ergänzt und erweitert.
3. Die Schüler trainieren mit der Kartei *useful words and phrases* für die Textinterpretation in der Oberstufe. (Vorderseite: *The author emphasizes …* / Rückseite: Der Autor betont …)

Weitere Hinweise:

Mit der Vokabelkartei können gezielt Problemwörter geübt werden. So müssen nicht immer ganze Wortlisten abgearbeitet werden, die auch bereits gelernte Wörter enthalten. Diese Arbeitsweise erleichtert auch die systematische Wiederholung von Vokabeln aus zurückliegenden Lektionen. Die Karteikarten bieten genug Platz, um auch einen Beispielsatz zu notieren oder das neue Wort durch eine Zeichnung zu illustrieren (*read and draw*).

Kurzbeschreibung der Methode:

Mithilfe des Wörterbuchs können die Schüler sich englische Wörter und Ausdrücke sowie deren Aussprache und Verwendung selbstständig erschließen. Die sachgerechte Handhabung muss jedoch frühzeitig eingeführt und regelmäßig trainiert werden. Auf spielerische Weise sollte damit in Klasse 5 begonnen werden.

Wörterbücher, Auftragskarten

Durchführung:

- Auf Karteikarten werden vom Lehrer einfache Suchaufträge zum Gebrauch eines *dictionary* zusammengestellt (Vorderseite: Aufgabe, Rückseite: Lösung). Die Schüler arbeiten damit in Stillarbeitsphasen und halten die Ergebnisse schriftlich fest.
- Die Suchaufträge beziehen sich z. B. auf das Ordnen von Begriffen in alphabetischer Reihenfolge, die Semantik (z. B. Wortfelder, Synonyme), Abkürzungen, Redewendungen, Amerikanisches und Britisches Englisch sowie die Orthografie.

Beispiele:

1. Schlage dein Wörterbuch bei B auf. Wie lauten der erste und der letzte Eintrag?
2. Lies von links nach rechts: W – H – E – N – D – E – A – R – N – I – N – E
   Wie viele englische Wörter kannst du entdecken? Was bedeuten sie jeweils?
3. Was bedeuten die englischen Abkürzungen *OK* – *CD* – *AE* – *BE* ?
4. Was heißt auf Englisch: „Jemanden auf den Arm nehmen"? TIPP: Schlage sowohl bei „nehmen" als auch bei „Arm" nach!
5. Wie nennt man „Ferien" in den USA? Wie nennt man sie in England?
6. Suche drei englische Wörter für „Pullover".

Weitere Hinweise:

Das Nachschlagen von Wörtern kann auch als Wettbewerb gestaltet werden. Die Anzahl der Aufgaben kann dabei individuell variieren.

Leistungsstarke Schüler können eigene Suchaufträge entwickeln. Die angebahnten Kompetenzen sollten regelmäßig trainiert und systematisch weiterentwickelt werden, etwa mit Wörterbuchtrainings, die sich u.a. für das **Stationenlernen** (vgl. Kap. 7.3) eignen.

Kurzbeschreibung der Methode:

Die Ideensonne dient der Ideensammlung ohne Anspruch auf systematische Gliederung. Bei der Wortschatzarbeit unterstützt sie das Reaktivieren bekannter Vokabeln und hilft bei der Erschließung eines Wortfeldes zum vorgegebenen Thema.

Durchführung:

Eine Ideensonne kann in Einzelarbeit vorbereitet werden. Die Schüler zeichnen einen Kreis (= Sonne) in die Mitte eines DIN-A4-Blattes und ziehen Linien (= Strahlen) nach außen. An den Enden notieren sie je einen Begriff / Ausdruck zum Thema. Wird eine größere Spontaneität der Schülerbeiträge angestrebt, entfällt diese Vorbereitungsphase.
Im Plenum stellen die Schüler ihre Ideen und Assoziationen vor. Diese werden an der Tafel oder am OHP gesammelt und zunächst kommentarlos und ohne Bewertung aufgegriffen. Beim Sammeln wird sichtbar, welche Ideen und Kenntnisse die Schüler mitbringen und wo Anknüpfungspunkte für die Weiterarbeit liegen.

Beispiel:

Assoziationssonne zu "Romeo and Juliet":

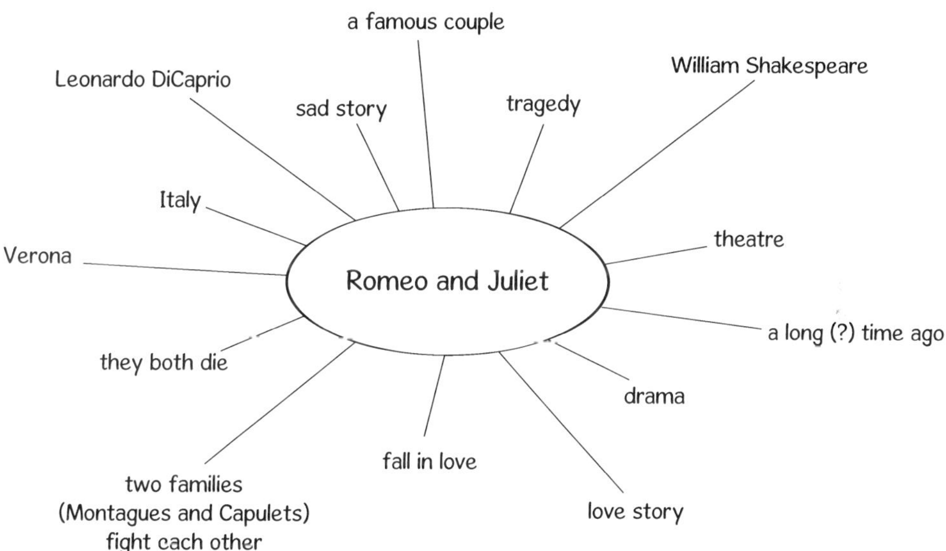

Weitere Hinweise:

Es ist wichtig, dass sich jeder Schüler einbringen kann. Niemand darf das Gefühl haben, dass seine Ideen nicht zählen.

Ein leserliches Tafelbild hilft dabei, die Ergebnisse fehlerfrei in die Englischhefte zu übertragen.

Kurzbeschreibung der Methode:

Die Mindmap (dt. „Gedankenlandkarte") dient der systematischen Ideensammlung. Die hierarchische Gliederung hilft dabei, ein Thema zu strukturieren und leichter „in den Griff zu bekommen". Bei der Wortschatzarbeit unterstützt die Mindmap als ***word web*** die Erschließung und sinnvolle Strukturierung eines Wortfeldes.

Durchführung:

- Ein Zeitrahmen wird vereinbart. Dies beugt Enttäuschungen vor, wenn aus zeitökonomischen Gründen nicht alle Schülerbeiträge gehört werden können.
- Das Thema (z. B. *fast food*) wird in die Tafelmitte geschrieben. Von dort aus können Äste zu Unterthemen gezeichnet werden (z. B. *food, drink, people, places*), kleinere Zweige führen zu einzelnen Aspekten dieser Unterthemen.
- Inwieweit Äste und Unterthemen vorgegeben werden, sodass nur noch Aspekte zu nennen sind, hängt von der Lerngruppe und ihren Erfahrungen mit dieser Methode ab.

Beispiel:

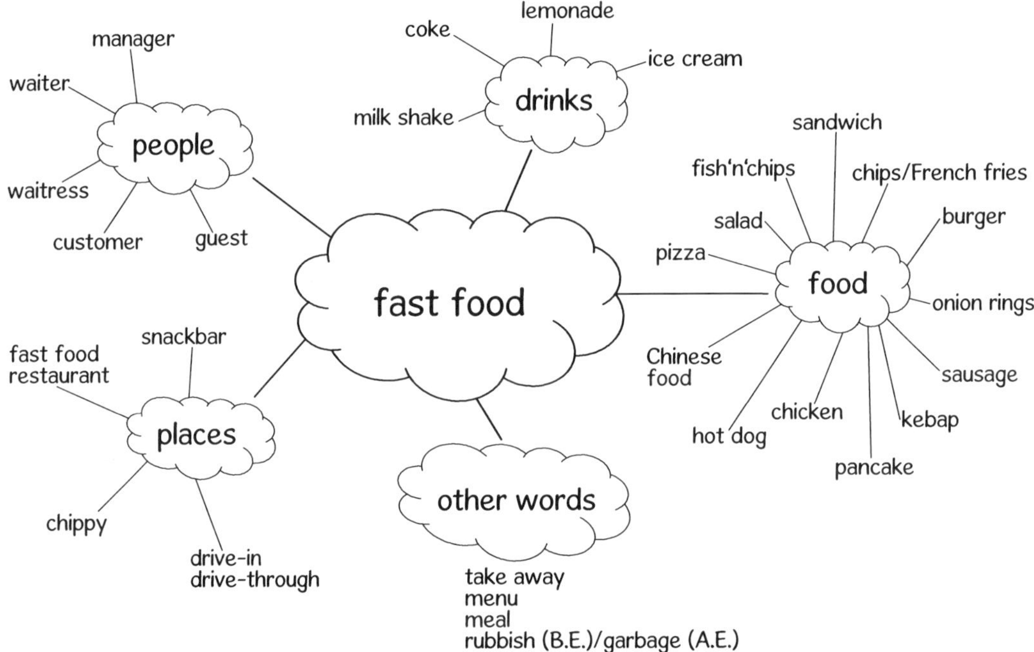

Weitere Hinweise:

Die Arbeit mit Moderationskarten an der Metaplanwand sorgt dafür, dass das Tafelbild nicht unübersichtlich wird und die Einträge leserlich bleiben. Das übersichtliche **Clustern** und Umstrukturieren der Mindmap wird erleichtert.

M. Klein-Landeck: 55 Methoden Englisch

Kurzbeschreibung der Methode:

Um die Lesekompetenz von Anfang an zu fördern, sollten den Schülern dem Sprachniveau angemessene, englischsprachige Leseanreize gegeben werden. Eine Möglichkeit ist die Gestaltung des Klassenraums als vorbereitete Lernumgebung (*English corner*).

farbiger Karton, Poster, Blanko-Jahreskalender, leerer Stundenplan, englischsprachige Bücher / Zeitschriften

Durchführung:

Der Lehrer sorgt für geeignete Leseangebote, die von den Schülern möglichst ohne fremde Hilfe verstanden werden können.
Durch die optische Präsenz der Begriffe und Schlagwörter prägt sich das englische Schriftbild besser ein.

Beispiele:

1. Die Schüler fertigen Schilder aus farbigem Karton (20 × 50 cm) zu den *classroom things* an: *door, bookshelf, pinboard, blackboard, computer* etc. Die Schilder werden anschließend in der Klasse aufgehängt.
2. Die Schüler beschriften einen Kalender auf Englisch (*day, month, year, holidays*) und hängen ihn in der Klasse auf.
3. Die Schüler schneiden Wörter aus den Bereichen Werbung, Sport, Popmusik oder Ernährung aus englischsprachigen Zeitschriften aus. Sie kleben diese auf ein „*Welcome to English*"-Poster und erläutern sie ihren Mitschülern.
4. Zur Erweiterung des Wortschatzes eignen sich auch folgende Dinge:
   - Karte der Britischen Inseln
   - ein englischer Stundenplan
   - ein Poster mit *classroom phrases*
   - eine Auswahl englischsprachiger Bücher und / oder Zeitschriften für die stille Lektüre

Weitere Hinweise:

Die Themen sollten für die Schüler ansprechend sein, ohne sie sprachlich zu überfordern. Nach Möglichkeit können die Texte auch angehört werden. In diesem Fall am besten Hörstationen mit Abspielgeräten (CD, MP3) und Kopfhörern bereitstellen.

Kurzbeschreibung der Methode:

Bei dieser Methode werden Sprachstrukturen mit Bewegungen verbunden. Durch die Verknüpfung von kognitiven Prozessen und motorischer Aktivität soll sich die Gedächtnisleistung erhöhen. Das Leseverständnis der Schüler wird überprüft, indem sie auf Aufforderungen mit Handlungen reagieren.

Durchführung:

1. Der Lehrer schreibt auf Karteikarten Handlungsaufträge wie *„Sit under your desk"* oder *„Clean the teacher's chair"*. Ein Schüler liest jeweils eine Karteikarte und führt die Handlung aus. Ein Mitspieler überprüft, ob der Text richtig verstanden wurde. Danach werden die Rollen getauscht.
2. Eine „Schatzdose", gefüllt mit *sweets*, wird auf dem Schulhof versteckt. Die Schüler begeben sich gruppenweise auf „Schatzsuche" und folgen der englischen Wegbeschreibung auf einer „Schatzkarte".
3. Die Schüler ziehen vorbereitete Karteikarten, auf denen humorvolle Situationen geschildert werden. (*„Six pupils are in class 5a. Ann is dancing on her desk. Bob and Ron are lying on the bookshelf. The teacher is playing football with the bin."*) Passend zur Situation malen sie ein Bild und vergleichen anschließend ihre Ergebnisse.

Weitere Hinweise:

Diese Methode ist am Übergang von der Grundschule zur Sekundarstufe sehr beliebt und kommt dem kindlichen Bewegungsdrang entgegen. Die Schüler sollten sich nicht unter Druck setzen, Englisch zu sprechen, wenn sie sich noch nicht trauen, sondern selbst entscheiden dürfen, wann sie sich fremdsprachlich äußern.

Kurzbeschreibung der Methode:

Mixed-up stories (ähnlich den **scrambled sentences**) dienen der spielerischen Überprüfung des Textverständnisses. Zuvor wird ein Sachtext (Bauanleitung, Vorgangsbeschreibung, Kochrezept) oder eine Lektüre gelesen und die Inhalte werden der Jahrgangsstufe angemessen erarbeitet. Die Methode eignet sich gut zur Vorbereitung auf das Verfassen von Nacherzählungen und Inhaltsangaben.

Durchführung:

- Der Lehrer fasst einen Text in 8–10 Sätzen zusammen, z. B. als Nacherzählung (*simple past*, lebhafte Sprache, wörtliche Rede) oder Inhaltsangabe (*simple present*, sachliche Sprache, keine wörtliche Rede). Jeder Satz wird gesondert auf eine Karteikarte geschrieben. Auf einer Kontrollkarte wird der komplette Text in der richtigen Reihenfolge abgebildet.
- Die Schüler erhalten die Karteikarten für Einzel- oder Partnerarbeit und bringen die Sätze in die richtige Reihenfolge. Als kleine Einstiegshilfe kann der Textanfang hervorgehoben sein, z. B. mit Fettdruck.
- Anschließend überprüfen die Schüler ihre Lösung auf der Kontrollkarte oder im Buch. Eine Selbstkontrolle ist auch dadurch möglich, dass jedem Satz ein Buchstabe zugeordnet wird. Die Buchstaben ergeben in der richtigen Reihenfolge ein Lösungswort.
- Zum Abschluss schreiben die Schüler den Text ab.

Beispiel:[1]

Aufgabenstellung:

This text is completely mixed up! Write the sentences in the correct order. When you have found the right order, you will get a summary of this chapter.

L	Then he cycles to Gillian's place to bring her a bunch of flowers.
T	He takes away the card and the flowers and leaves a small present in front of the door.
A	When he wakes up early in the morning, he dresses quickly.
N	He shakes the present and knows it's chocolates.
E	Charlie leaves the bouquet and a small card on the doorstep.
S	Then he takes the box of chocolates and visits his grandma.
V	**In his dreams, Charlie is having a picnic with Gillian.**
E	Karim puts his present for Gillian near the door: a bottle of perfume!
N	Two minutes later, David arrives and finds Charlie's flowers.
I	At a quarter past six, there is a third visitor.

1 Das Beispiel bezieht sich auf Ch. 11 der Lektüre "Perfect Love" von Jeremy Taylor (ISBN 3-425-03064-7), in der Charlie, Karim und David am *Valentine's Day* um die Gunst ihrer Freundin Gillian buhlen.

Kurzbeschreibung der Methode:

Standbilder lassen sich im Englischunterricht gut zur aktuellen Lektüre erstellen. Die Schüler bauen ein Standbild, indem sie gemeinsam eine Szene „eingefroren" darstellen. Die ausgewählte Szene kann soziale Situationen, Handlungen oder Gefühle von Personen und deren Beziehungen veranschaulichen. Im Standbild manifestiert sich das Textverständnis einer Gruppe und macht dieses mit dem der Mitschüler vergleichbar. Das Standbild dient so als Grundstein für die weiterführende, kritische Auseinandersetzung mit dem Text.

Durchführung:

- Etwa gleich große Gruppen lesen den ausgewählten Textausschnitt und halten fest, worum es dort inhaltlich geht (Konflikt, Atmosphäre, Streit, Machtkampf …). Sie überlegen, wie sich dies in einem Standbild darstellen lässt: ohne Worte oder Bewegung, nur über Mimik, Gestik, Körperhaltung, Position der Mitspieler zueinander.
- Ein Schüler pro Gruppe ist der Regisseur („Bildhauer" oder „Baumeister"), der das Standbild modelliert. Die anderen sind Darsteller, die sich kommentarlos positionieren lassen.
- Wenn das Standbild dem entspricht, was die Schüler zum Ausdruck bringen wollen, verharren die Darsteller für etwa eine halbe Minute, sodass die Mitschüler sich das Standbild einprägen können.
- Die Standbilder werden reihum präsentiert. Rückfragen an die Gruppe sind erwünscht. Die Mitschüler beschreiben, was sie sehen und wie es auf sie wirkt. Die Darsteller berichten, wie es ihnen beim Bau des Standbildes erging. Es folgt ein Austausch über die verschiedenen Lösungsansätze.

Beispiele:

1. Die Schüler stellen die Szene im Bus dar, als Rosa Parks sich weigert, einem weißen Passagier ihren Platz zu räumen, und damit einen Boykott auslöst.
2. Ein neuer Schüler kommt in die Klasse und wird kritisch gemustert.
3. Die Schüler feiern Mr. Keating im „Club der toten Dichter" als *„Captain, my Captain"*.

Weitere Hinweise:

Anstelle der „Live"-Präsentation können die einzelnen Gruppen auch Fotos von ihrem Standbild machen, die dann der Klasse präsentiert werden (z. B über Beamer oder OHP).

Eine interessante Variante bei der Arbeit mit Ganzschriften ist es, wenn die Gruppen unterschiedliche Szenen in Standbilder umsetzen. Die Mitschüler müssen dann erraten, um welche Textstelle es sich jeweils handelt.

Kurzbeschreibung der Methode:

Das Reading house ist eine bewährte Methode zur Förderung von Lesemotivation und -kompetenz.

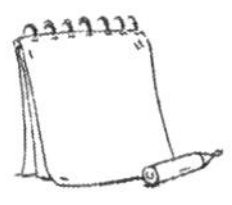

ca. 40 englischsprachige Bücher pro Kiste, Lesetagebücher, Laufzettel

Durchführung:

- Das Fachkollegium stellt für jeden Jahrgang eine Bücherkiste mit englischer Lektüre zusammen, die inhaltlich altersgemäß und sprachlich angemessen ist. Die Bücherkiste kann von den Klassen des Jahrgangs ausgeliehen werden.
- Eine Englischstunde pro Woche wird für das Reading house reserviert. Hier wählen die Schüler ein Buch und lesen es in Ruhe.
- Unbekannte Wörter und Ausdrücke werden im Wörterbuch nachgeschlagen. Ältere Schüler bereiten zu Hause Buchvorstellungen vor (*book reports*) und führen ein Lesetagebuch (*reading log*) mit kreativen Aufgaben etc.
- Ist die Lektüre beendet, entscheidet sich der Schüler für das nächste Buch.
- Jeder erhält einen Laufzettel mit der Zeichnung eines Hauses. Das Haus hat Fenster, die jeweils ein Buch aus der Bücherkiste symbolisieren. Für jedes gelesene Buch markiert der Schüler das entsprechende Fenster.

Beispiele:

1. Die Schüler wählen eine Textpassage aus und zeichnen dazu einen Comicstrip.
2. Die Schüler verfassen einen Brief an den Autor.
3. Die Schüler schreiben ein alternatives Ende der Geschichte.
4. Die Schüler verfassen einen inneren Monolog des Protagonisten.
5. Die Schüler gestalten eine Collage zu ihrer Lieblingsszene.
6. Die Schüler formulieren ihre persönlichen Fragen zum Text.
7. Die Schüler verfassen eine kritische Buchbesprechung.

Weitere Hinweise:

Mit dem Reading house sollte in Klasse 5 begonnen werden. Ein differenziertes Leseangebot wird den unterschiedlichen Lernvoraussetzungen und Lesekompetenzen der Schüler gerecht.

Kurzbeschreibung der Methode:

Diese kooperative Lesemethode erleichtert das Verstehen inhaltlich und sprachlich anspruchsvoller Sachtexte. Sie wird in Gruppen von je vier Schülern durchgeführt. Jeder Schüler übernimmt abwechselnd verschiedene Aufgaben und Rollen. Der Text wird so in wechselseitigem Austausch miteinander erschlossen. Dies kann zur Einsicht verhelfen, dass man im Team oft schneller und zu besseren Ergebnissen gelangt als in Einzelarbeit.

Rollenkarten mit Rollenbeschreibungen

Durchführung:

- Der Lehrer bereitet einen längeren, durchaus anspruchsvollen Sachtext vor und legt den Zeitrahmen fest. Die Schüler sitzen in Vierergruppen am Tisch. Jeder zieht eine Rollenkarte (A, B, C oder D) mit der entsprechenden Rollenbeschreibung. Diese werden im Plenum gemeinsam besprochen.
- Nun wird der Text in den Gruppen abschnittweise gelesen und entsprechend der Aufgaben und Rollenzuweisungen bearbeitet. Danach werden die Rollenkarten im Uhrzeigersinn weitergereicht. Nach und nach übernimmt jeder Schüler einer Gruppe einmal oder öfter alle Rollen.
- In diesem Sinne wird der Text abschnittweise bis zum Ende durchgearbeitet.

Beispiele:

A liest den Text laut vor, falls die Gruppe sich nicht auf stilles Lesen einigt. Er stellt Fragen dazu, die von B, C und D aus dem Text heraus beantwortet werden können. Ggf. können auch sie anschließend Fragen an die Gruppe formulieren.
B fasst den Inhalt jedes Abschnitts zusammen. A, C und D können bei Bedarf korrigieren und ergänzen.
C stellt weiterführende Fragen zu unklaren Textstellen und Zusammenhängen, bittet um Worterklärungen oder weitere Beispiele zum Thema. A, B und D beantworten seine Fragen.
D stellt Vermutungen darüber an, wie es wohl im nächsten Abschnitt weitergeht. A, B und C können diese Prognosen ergänzen oder kommentieren.

Weitere Hinweise:

Die Schüler erweitern ihre Methodenkompetenz, indem sie Einsicht in die Bedeutung unterschiedlicher Aufgaben bei der Texterschließung gewinnen und diese erfolgreich umsetzen. Jeder Schüler übernimmt dabei auch die Rolle des Lehrers (**Lernen durch Lehren**).

Kurzbeschreibung der Methode:

Die Fünf-Gang-Lesemethode oder **Fünf-Schritte-Lesetechnik** erleichtert das Erschließen anspruchsvoller Texte. Wie bei den Übungen zum Hörverstehen (vgl. Kap. 4.3) lassen sich *pre-*, *while-* und *post-reading activities* unterscheiden.

Durchführung:

1. **Vor** dem Lesen überfliegen die Schüler den Text. Sie verschaffen sich einen Überblick darüber, um was für eine Textsorte es sich handelt und worum es inhaltlich gehen könnte. Sie achten auf die Überschrift, die Einleitung, die Anfänge der Abschnitte sowie auf Schlüsselbegriffe und Hervorhebungen. Diese geben oft Hinweise auf Inhalt und Aufbau des Textes. Es ist in dieser Phase noch nicht nötig, jedes einzelne Wort zu verstehen.
2. Im zweiten Schritt überlegen die Schüler, worum genau es in dem Text geht (Fragen, Probleme ...), was sie bereits dazu wissen bzw. noch wissen möchten. Strukturierte schriftliche Notizen anhand der W-Fragen (*who? where? when? what? why?*) sind hilfreich.
3. **Beim** Lesen sind meist mehrere Durchgänge für das Textverständnis notwendig. Der Text wird abschnittsweise bearbeitet. Zentrale Aussagen und Schlüsselbegriffe werden unterstrichen, unbekannte Wörter nachgeschlagen. Das Wichtigste wird stichwortartig festgehalten.
4. **Nach** dem Lesen werden die Inhalte alleine oder im Austausch mit anderen verarbeitet. Die Schüler fassen die einzelnen Sinnabschnitte zusammen, ggf. in einer **Mindmap**. Zu jedem Abschnitt formulieren sie eine Überschrift.
5. Schließlich wird der Text noch einmal als Ganzes gelesen. Mithilfe der Abschnittsüberschriften und markierten Begriffe werden wichtige Aussagen zusammengefasst.

Weitere Hinweise:

Diese Methode ist immer wieder und an unterschiedlichen Texten einzuüben, damit sie präsent bleibt. Dabei sollte die Aufmerksamkeit darauf gelenkt werden, wie sich einzelne Schritte oder Phasen gegenseitig beeinflussen: Werden in Schritt 3 die eingangs formulierten Erwartungen an den Text bestätigt? Klärt die Formulierung in Schritt 4 noch einmal das in Schritt 3 Erarbeitete? Verändert die Lektüre in Schritt 5 wiederum das zuvor erarbeitete Verständnis?

1. Phase:	2. Phase:	3. Phase:	4. Phase:	5. Phase:
grob überfliegen	Fragen stellen	gründlich lesen	Wichtiges zusammenfassen	abschließend wiederholen

Kurzbeschreibung der Methode:

Das laute Lesen hat zwar gegenüber dem stillen, Sinn entnehmenden Lesen etwas an Bedeutung verloren, spielt in der Praxis des Englischunterrichts jedoch nach wie vor eine zentrale Rolle. Diese Methode bewirkt eine Steigerung der Leseflüssigkeit, aber auch des Leseverstehens. Besonders das lebendige Lesen mit verteilten Rollen ist verbreitet und beliebt.

Durchführung:

- Die Schüler bilden Dreier- oder Vierergruppen und suchen sich einen ruhigen Arbeitsplatz (in der Klasse, auf dem Flur, in der Bibliothek ...).
- Zunächst übt jeder leise für sich, den Text vorzutragen. Die Schüler machen an geeigneten Stellen Pausen, versuchen, Sinngruppen zu erkennen und diese zusammenhängend zu lesen. Sie bewegen ihre Lippen deutlich wahrnehmbar.
- Dann üben die Schüler gemeinsam in der Gruppe das laute Lesen mit verteilten Rollen und unterstützen sich gegenseitig dabei, das Vorlesen zu optimieren. Sie korrigieren einander und geben Hinweise zur Betonung.
- Die Gruppe entscheidet sich, ob sie anschließend vor der Klasse vorträgt oder den Lehrer (bzw. Mitschüler) an ihren Arbeitsplatz einlädt.

Weitere Hinweise:

Gerade im Anfangsunterricht und in schwachen Lerngruppen kann es sehr hilfreich sein, wenn die Gruppe nicht direkt im Plenum vorträgt, sondern erst vor einem kleineren Publikum.

Richtet die Klasse **Lesepatenschaften** ein, kommen Lesemütter oder ältere Schüler regelmäßig, um sich von ihrem Patenkind geübte englische Texte laut vorlesen zu lassen.

Bei **Lautlese-Tandems** (*paired reading*) bildet ein guter Leser (Tutor) mit einem schwächeren Leser ein Team, das englische Texte synchron vorliest. Der „Tutor" dient dabei als Modell für den „Schüler", z. B. in Lesetempo, Betonung oder Aussprache. Er verbessert die Fehler, die dieser nicht bemerkt. Ziel ist es, dass der Tutor sich nach und nach ganz zurückzieht, je besser sein Schüler alleine fehlerfrei vorlesen kann.

Eine schöne Variante ist auch, einen Text in verschiedenen Rollen vorzulesen: wie ein Politiker im Wahlkampf, wie ein verliebtes Mädchen, wie ein schimpfender Nachbar, wie eine gelangweilte Schülerin ...

Kurzbeschreibung der Methode:

Der Vorlesewettbewerb ist eine beliebte Methode zur Steigerung der Lesemotivation. Die Schüler tragen geübte Texte ausdrucksstark vor (**szenisches Lesen, *dramatic reading***).

Durchführung:

- Der Lehrer wählt geeignete Lehrwerkstexte für Gruppen von 2–6 Schülern aus. Besonders eignen sich Texte mit hohem Dialoganteil, die sich mit verteilten Rollen lesen und dramaturgisch inszenieren lassen. Diese werden mehrmals laut in der Klasse gelesen, wobei die Rollen ständig wechseln: Jeder soll sich in verschiedenen Rollen erproben können! Die Schüler wählen einen Text und üben diesen zu Hause.
- In der nächsten Englischstunde üben sie in ihrer Gruppe, bis sie sich sicher fühlen. Besonders wird auf Aussprache, Satzmelodie, Betonung und Gestik geachtet. Das Anlegen sogenannter Lesepartituren unterstützt das Sinn betonte Lesen. Dazu markieren sich die Schüler im Text, wo laut oder leise, schnell oder langsam, aufgeregt oder zurückhaltend gelesen wird bzw. wann eine Pause sinnvoll ist.
- Schließlich tragen die Gruppen reihum im Plenum vor. Am Ende werden die besten Vorleser per Stimmungsbarometer ermittelt. Dazu geben die Mitschüler Applaus mit Händen und Füßen. Je besser die Gruppe, desto lauter der Applaus.

Weitere Hinweise:

Zur Vertiefung wird einer der vorgelesenen Texte kopiert, vergrößert und in Einzelsätze zerschnitten. Die Schnipsel werden verteilt. Durch lautes Vorlesen muss die richtige Reihenfolge ermittelt und der Text so neu zusammengesetzt werden. Wer „dran" ist, meldet sich und liest weiter. Die Mitschüler achten darauf, dass die Sätze sinnvoll anschließen.

Für das flüssige Vorlesen ist das Erkennen von Sinngruppen wichtig. Zur Übung eignen sich **Wortschlangen** wie diese:

ifyoucanreadthiswordsnakeyouareajollygoodreader

Lückentexte, bestehend aus Wörtern mit Leerstellen, fördern den Lesefluss:

I_ pu_ils practi_e th_s lon_ e_ough t_ey wil_ fin_lly b_ ex_ellent rea_ers!

Kurzbeschreibung der Methode:

Die Schüler unterhalten sich in einem begrenzten Zeitfenster über ein aktuelles Thema, das vom Lehrer vorgegeben wird. Der Three minutes talk eignet sich sehr gut als Einstimmungsritual auf den anschließenden Englischunterricht.

Stoppuhr

Durchführung:

- Der Lehrer schreibt ein Thema an die Tafel. Es sollte möglichst so offen gestellt sein, dass jeder Schüler etwas dazu beitragen kann und möchte. (*What did you do at the weekend? How was your project week? Which new films would you recommend?*)
- Die Schüler haben drei Minuten Zeit, sich mit ihrem Nachbarn über das angegebene Thema auszutauschen. Bei älteren Schülern kann der Zeitrahmen ausgeweitet werden.
- Ein Zeichen des Lehrers beendet die Unterhaltung. Im anschließenden Plenum stellen einige Schüler exemplarisch vor, was sie zum Thema beigetragen haben.

Kurzbeschreibung der Methode:

Das „Platzdeckchen“ (4er-Skript) dient dazu, jedes Gruppenmitglied aktiv in den Arbeitsprozess einzubeziehen, den regen Austausch über ein Thema anzubahnen und diesen zu strukturieren. Im Englischunterricht dient diese kooperative Lernmethode vor allem der Förderung von mündlicher Kommunikation.

Placemat im DIN-A3-Format

Durchführung:

- Die Schüler finden sich zu viert zusammen. In der Mitte liegt ein Placemat mit vier Feldern und einem zentralen Rechteck. Zunächst notiert jeder Schüler in „seinem“ Feld die für ihn wichtigen Aspekte zum vorgegebenen Thema.
- Auf ein akustisches Zeichen hin wird der Bogen um 90 Grad gedreht, sodass jeder Schüler nachlesen kann, was der Nachbar geschrieben hat. Dieser Vorgang wiederholt sich noch zweimal.
- Dann einigt sich die Gruppe auf die *Top Three* (zentrale Gedanken, mehrfach genannte Ideen, kontrovers diskutierte Aspekte, Hauptforderungen der Gruppe ...) und notiert diese im Rechteck in der Mitte des Platzdeckchens.
- Abschließend werden die Gruppenergebnisse im Plenum präsentiert und diskutiert.

Beispiele:

Mögliche Themen, zu denen auch Informationstexte als Arbeitsgrundlage bereitgelegt werden können:

1. Gefahren des Rauchens
2. Charaktereigenschaften des Protagonisten einer Geschichte
3. Aspekte des Lebens in einer utopischen Gesellschaft

Kurzbeschreibung der Methode:

Die Schüler äußern ihre eigene Meinung zu einem Sachverhalt durch ihre Positionierung entlang einer Linie im Raum. Da alle Schüler in Bewegung sind, wird zugleich ein Meinungsbild in der Gruppe erstellt. Dies kann die Basis für eine nachfolgende Diskussion darstellen. Für den Englischunterricht ist bedeutsam, dass die Meinungen in englischer Sprache vertreten werden müssen.

Klebestreifen, rotes und grünes Plakat

Durchführung:

- Der Klassenraum muss eine große, freie Fläche bieten. Alternativ sucht die Gruppe den Schulhof, die Aula oder eine breiten Korridor auf.
- Der Lehrer markiert mit einem Klebestreifen auf dem Boden (= Positionslinie) die Mitte der Fläche. Auf dieser Linie zu stehen, bedeutet: „Ich bin neutraler Meinung." An den beiden Enden der Fläche wird jeweils das grüne bzw. das rote Plakat befestigt. Bei Grün zu stehen, bedeutet: „Ich stimme voll zu!" Wenn ein Schüler sich bei Rot aufstellt, bedeutet das: „Ich stimme überhaupt nicht zu!" Alle Positionen zwischen der Mittellinie und einem Schild variieren zwischen „Ich stimme eher zu. / Ich stimme eher nicht zu."
- Der Lehrer trägt eine polarisierende Aussage vor. Die Schüler positionieren sich spontan auf der Fläche, je nach Meinung zum Thema.
- Einzelne Schüler können dazu aufgefordert werden, zu begründen, warum sie sich für die gewählte Position entschieden haben.

Beispiele:

Mögliche Aussagen:
1. *It's not important to start your day with a proper breakfast.*
2. *It's a must to have good table manners.*
3. *It's OK to eat fast food.*
4. *Keeping fit is a must for everybody.*

Weitere Hinweise:

Bei neu zusammengesetzten Lerngruppen hilft diese Methode dabei, einander näher kennenzulernen, entsprechend sollten dann die Aussagen formuliert werden. *(English is my favourite subject. / I love sports. / I play an instrument. / I've never been to Britain before. / I'd love to see Australia. / I love American sitcoms. etc.)*

Kurzbeschreibung der Methode:

Die Bedeutung dieser kooperativen Lernmethode liegt für den Englischunterricht darin, dass alle Schüler aktiv in die Vorbereitung eines Unterrichtsgespräches einbezogen werden und sich niemand entziehen kann. Alle sind an der Ideensammlung beteiligt. Im Partnergespräch kann etwas oft leichter besprochen werden als in der Großgruppe. Bei schüchternen Schülern wächst der Mut, Fragen zu formulieren, wenn sie bemerken, dass Mitschüler ähnliche Fragen wie sie selbst haben. In Klasse 5 können die Schüler nach dieser Methode Begriffe zu einem Wortfeld sammeln oder ihre Ideen zu einem Hörtext zusammentragen.

Durchführung:

- Eine zentrale Frage, ein Thema, eine Aufgabe und der Zeitrahmen werden vereinbart.
- **Think:** Die Schüler erhalten den Auftrag, einzeln über ein Thema nachzudenken und eine Frage, einen Lösungsansatz oder eine Meinung zu formulieren.
- **Pair:** Dann tauschen sie sich mit einem Lernpartner aus. Die Aufgabe besteht darin, die eigenen Gedanken verständlich mitzuteilen. Der Mitschüler hört aufmerksam zu und fragt bei Bedarf nach.
- **Share:** Schließlich stellen die Schüler reihum ihre Ergebnisse im Plenum vor. Die verschiedenen Lösungsvorschläge werden diskutiert.
- Als Ausgangspunkt für das weiterführende Unterrichtsgespräch werden die Ergebnisse schwerpunktmäßig zusammengefasst.

Weitere Hinweise:

Ein **Murmelgespräch (Bienenkorb)** regt das gemeinsame Nachdenken an. Die Schüler erhalten nach einem Vortrag (Film, Referat ...) oder vor einer Präsentation drei Minuten Zeit, sich mit ihrem Tischnachbarn auszutauschen. Im ersten Fall dient das **Murmelgespräch** der gemeinsamen Reflexion, im zweiten der Vorbereitung und Einstimmung. Wichtig ist das Einhalten der Zeit und der 30-cm-**Flüsterstimme**.

Bei der **Methode 66** treffen sich sechs Schüler für sechs Minuten, um sich über ein Thema auszutauschen.

Ein angenehmer Nebeneffekt dieser Methoden ist es, dass sich die Zahl der unerwünschten „Nebengespräche" im Unterricht reduziert.

Kurzbeschreibung der Methode:

Die Schüler kommunizieren miteinander auf Englisch zu vorgegebenen Themen und bewegen sich dazu durch den Klassenraum. Diese Methode lässt sich gut in der *Warming-up*-Phase am Anfang der Unterrichtsstunde einsetzen.

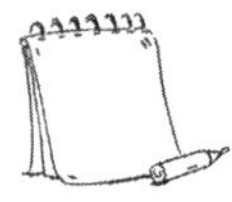

CD-Player und CDs, ggf. Fragekarten

Durchführung:

- Die Lehrkraft legt das Thema und den Zeitrahmen fest, über das gesprochen werden soll, und macht weitere Vorgaben wie: „*Talk to two boys and two girls*".
- Die Schüler bewegen sich frei durch den Raum und treten, wenn die Musik stoppt, miteinander in Kontakt, um zum vorgegebenen Thema zu sprechen.

Beispiele:

Mögliche Gesprächsthemen:
What's your name and where are you from? How old are you?
What did you do at the weekend?
What are your favourite TV shows?
Do you like shopping / sports / books / computer games? Why? Why not?
What football club do you support? Why?

Weitere Hinweise:

Beim Stopp können auch Fragen auf vorbereiteten Karteikarten beantwortet werden. Anschließend tauschen die Schüler ihre Fragekarten aus und bewegen sich weiter, bis sie beim nächsten Stopp auf einen anderen Gesprächspartner treffen.

Mit dieser Methode lassen sich auch ***information gap activities*** verknüpfen. Dazu muss der Lehrer vier Teilinformationen zu einem Thema zusammenstellen. Jeder Schüler erhält eine dieser Informationen (auf einer Karteikarte in gelb / rot / blau oder grün), die aber ohne den Kontext nutzlos ist. Daher bewegen sich alle Schüler durch den Raum und versuchen, durch gegenseitiges Befragen die fehlenden Informationen zu erhalten (beispielsweise zu einem geplanten Tagesablauf während eines Londonaufenthalts: *What are we going to do tomorrow morning? ... in the afternoon? ... in the evening?* etc.)

3.6 Fishbowl

15–20 Min. | ab Kl. 8

Kurzbeschreibung der Methode:

Mit dieser Methode können Argumente gesammelt und ausgetauscht werden, als Ergebnisse einer arbeitsteiligen Gruppenarbeit. Die Schüler vertiefen die Thematik im Plenum, indem sie diese aus unterschiedlichen Perspektiven beleuchten. Dabei trainieren sie sprachliche Kompetenzen und Argumentationsstrategien.

Durchführung:

- Die Schüler tauschen sich in gleich großen Gruppen aus und halten die Ergebnisse auf Karteikarten fest. Bei einem sehr kontroversen Thema ist es möglich, ausgewiesene Pro- und Kontragruppen zu bilden, die gezielt Argumente für ihre Position erarbeiten.
- In der Mitte wird ein Stuhlkreis aufgebaut, in den jede Gruppe 1–2 Vertreter entsendet. Ein Stuhl ist für den Moderator reserviert (Lehrer oder Schüler), ein Platz bleibt frei. Die anderen gruppieren sich kreisförmig um die Mitte. Sie verfolgen die Diskussion der Gruppe von außen (daher der Name Fishbowl = „Aquarium").
- Die Vertreter tragen die Ergebnisse stellvertretend für ihre Gruppe vor und diskutieren miteinander. Je kontroverser das Thema und je unterschiedlicher die Positionen, desto eher entwickelt sich ein interessantes Streitgespräch.
- Wenn sich ein Zuhörer in die Diskussion einschalten will, muss er sich auf den leeren Stuhl im Innenkreis setzen. Nach seinem Beitrag geht er in den Außenkreis zurück. Will ein Gruppensprecher die Diskussionsrunde verlassen, gibt er in Richtung Zuhörerkreis ein Zeichen. Er kann aufstehen, wenn er jemanden findet, der ihn ablöst.

Beispiele:

Mögliche Diskussionsthemen:
School uniforms – yes or no?
Should public transport be free of charge?
Should mobile phones be banned from buses and trains?

Weitere Hinweise:

Im Englischunterricht werden vorher die benötigten Redemittel erarbeitet. (*In my opinion …/I agree/I disagree with you … Let me contradict you in this point …* usw.)

Wenn keine neuen Argumente mehr gefunden werden, beendet der Moderator das Rollenspiel und lädt zur freien Meinungsäußerung ein. Es empfiehlt sich, abschließend auch das Diskussionsverhalten zu reflektieren (Einhalten von Gesprächsregeln, sachbezogenes Argumentieren, Eingehen auf Vorredner, Verständlichkeit der Äußerungen etc.).

3.7 Holiday Museum – Urlaubsmitbringsel vorstellen

30–45 Min.

ab Kl. 6

Kurzbeschreibung der Methode:

Da die Schüler in Bezug auf ihre Ferienerlebnisse meist ein großes Mitteilungsbedürfnis haben, eignet sich diese Methode gut, um das freie Sprechen und Präsentieren auf Englisch zu fördern. Die museumsartige Inszenierung schafft Sprechanreize und authentische Gesprächsanlässe.

Tischtuch, Schild „Holiday Museum“, Urlaubsmitbringsel

Durchführung:

- Die Schüler erhalten vor den Ferien den Auftrag, zur ersten Englischstunde nach den Ferien etwas mitzubringen, das sie an ihren Urlaub oder besonders schöne / aufregende / ärgerliche / romantische Ereignisse in ihren Ferien erinnert.
- Der Lehrer bedeckt ein Schülerpult mit einem schönen Tischtuch. In die Mitte platziert er das Schild „Holiday Museum“.
- Die mitgebrachten Gegenstände (Postkarte, Muschel, Buch, Stein, T-Shirt etc.) werden auf dem Tisch ausgebreitet. Die Schüler schildern anhand der Mitbringsel reihum ihre Ferienerlebnisse und beantworten Fragen der Mitschüler.

Weitere Beispiele:

Ein solches Museum kann auch zu Themen wie *My hobby, Collections, My favourite sport, Last Christmas* etc. eingerichtet werden.

Kurzbeschreibung der Methode:

Jüngere Schüler haben ein ausgeprägtes Mitteilungsbedürfnis, aber oft fällt es ihnen noch schwer, sich in englischer Sprache zusammenhängend zu äußern. Da die Fähigkeit, vor einer Gruppe zu sprechen, aber eine wichtige Kompetenz darstellt, sollten frühzeitig Lern- und Übungsgelegenheiten dazu arrangiert werden. Die Anschaffung eines Stehpultes ist dabei eine lohnenswerte Investition. Schüler trainieren damit im Englischunterricht das freie Vortragen und regen sich gegenseitig zu kleinen Präsentationen an.

Stehpult mit schräger Grundplatte

Durchführung:

- Die Schüler bereiten kurze Vorträge zu einem selbst gewählten Thema vor und schreiben Überschrift und Gliederung an die Tafel. Grundlage können sogenannte ME-Texte sein, die ab Klasse 5 im Englischunterricht regelmäßig verfasst werden.
- Die Schüler nehmen hinter dem Pult die Haltung eines Redners ein, indem sie mit den Händen die Seiten umklammern und aufrecht stehend vom Blatt lesen bzw. so viel wie möglich frei vortragen. Das Umklammern der Seiten (wie ein Professor im Hörsaal) verleiht Halt und gibt ein Gefühl von Sicherheit.
- Nach dem Vortrag gibt die Klasse ein konstruktives **Feedback** (vgl. Kap. 6.1).

Beispiele:

Mögliche Vortragsthemen:
I about myself (name, age, home, family, likes and dislikes …)
My pet(s) (animal, colour, food, activities …)
My home (house / flat, part of the city, garden, number of rooms, neighbours …)
My favourite hobby / sports (what, where, how often, equipment, partner, team …)

Weitere Hinweise:

Jüngere Schüler tragen gerne Zungenbrecher, Halloween-Sprüche und kleine Gedichte oder Dialoge vor. Es ist zunächst völlig in Ordnung, wenn sie etwas zu zweit darbieten, weil sie sich alleine noch nicht trauen.

Fortgeschrittene Schüler führen in ihr Thema ein (*I would like to talk about …*) Abschnitte sind klar erkennbar und werden möglichst eingeleitet (*I'm going to start with … / Now I want to tell you about …*)

Manche Schüler sprechen frei und schauen nur ab und zu auf ihre Notizen, andere lesen viel ab. Diese sollten freundlich dazu angehalten werden, immer wieder die Zuhörer anzuschauen.

3.9 Gallery walk (Museumsrundgang)

 variabel

ab Kl. 7

Kurzbeschreibung der Methode:

Beim Präsentieren von Arbeitsergebnissen, das zu den Schlüsselkompetenzen gehört, haben sich über klassische Präsentationsformen, wie das Referat mit OHP-Einsatz, hinaus inzwischen weitere Unterrichtsmethoden etabliert. Dazu gehört auch der Gallery walk (Museumsrundgang, Galeriegang).

4–5 Schreibplakate

Durchführung:

- Die Schüler haben in gleich großen Gruppen verschiedene Aspekte eines vorgegebenen Themas erarbeitet. Die Ergebnisse fasst jede Gruppe thesenartig auf einem Schreibplakat zusammen.
- Die Gruppenmitglieder zählen durch, jedes Gruppenmitglied erhält eine Nummer. Dann treffen sich alle Schüler mit der Nummer 1 am ersten Plakat, alle mit der Nummer 2 am zweiten Plakat usw. Es erläutert jeweils der Schüler, der am Plakat mitgearbeitet hat – der Experte also –, die Ergebnisse seiner Gruppe und beantwortet Fragen dazu.
- Die Gruppenmitglieder wechseln so oft die Station, bis sie alle Arbeitsergebnisse kennen.

Beispiele:

Mögliche Galeriethemen:

Informationen zu englischsprachigen Ländern
Portraits aktueller Popstars
Regeln zur Bedeutung und Bildung der *tenses*

Weitere Hinweise:

Alternativ halten die Schüler an ihrer Station Kurzreferate zu ihrem jeweiligen Themenaspekt (Urlaubsorte an der englischen Südküste, Sehenswürdigkeiten in Australien ...). Die Zuhörer stellen Fragen, machen Notizen oder tragen Informationen in ein Arbeitsblatt ein.

Interessanter werden die Vorträge, wenn anschauliche Bilder oder Gegenstände dazu bereitgestellt werden.

Kurzbeschreibung der Methode:

Die Vier-Ecken-Methode bietet sich besonders an, wenn es im Englischunterricht um Meinungsbildung und die Vorbereitung von Entscheidungen geht. Der Sprechanreiz sollte einen so hohen Aufforderungscharakter besitzen, dass alle Schüler etwas beitragen wollen. Sie üben sich darin, eigene Standpunkte in englischer Sprache vorzubringen und auf die Äußerungen anderer Schüler angemessen einzugehen.

4 Schreibplakate

Durchführung:

Zu einem provokanten Thema (Zitat, Karikatur etc.) wird in jeder Ecke des Raumes ein Aushang mit einer unterschiedlichen Aussage dazu gemacht.
Die Schüler gehen herum und entscheiden sich für die Aussage, der sie am ehesten zustimmen. Dazu begeben sie sich in die entsprechende Ecke und tauschen sich mit den anderen aus. Sie begründen, wie sie zum Thema stehen. Die erforderlichen Redemittel dazu wurden im Unterricht eingeführt (*In my opinion … / If you ask me …*)
Ggf. kann in der Mitte ein fünftes Plakat für unentschiedene Schüler bereitgelegt werden.
Soll ein Meinungsbild oder eine Abstimmung vorbereitet werden, schließt diese Arbeitsphase mit einem Votum in der Gruppe ab. Dieses Votum wird von einem Sprecher der Gruppe jeweils im Plenum begründet.

Beispiele:

Mögliche Themen für eine Abstimmung:

1. *Plans for a class activity – A: restaurant, B: bowling, C: volleyball tournament, D: cinema*
2. *Rate the quality of group work in our class: A: very good, B: good, C: OK, d: not sufficient*

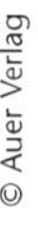

Kurzbeschreibung der Methode:

Befragungen der Mitschüler zu *hobbies, likes and dislikes* etc. schaffen Kommunikationsanlässe, die das Frage-Antwort-Repertoire spielerisch trainieren. Erste Interviews in Klasse 5 können mit *speech bubbles* vorbereitet werden[1]. Auch ältere Schüler haben Spaß an Interviews, die ihren Kommunikationsfluss verbessern.

laminierte DIN-A4-Karten mit Sprechblasen, Tafelmagnete

Durchführung:

- Der Lehrer bereitet Sprechblasenkarten vor, die einzelne Dialogphrasen enthalten.
- Die Karten werden gemischt.
- Jeweils zwei Schüler ordnen Fragen und Antworten korrekt zu und hängen sie nebeneinander an die Tafel.
- Dann lesen sie den Dialog mit verteilten Rollen vor: Ein Schüler fragt, der andere Schüler findet authentische Ergänzungen für die Antworten.
- Dann werden die Rollen getauscht.

Beispiel:

Mögliche Dialogphrasen für Sprechblasenkarten:
1. *Where did you spend your holidays? I went to … / I was in …*
2. *How did you get there? We went by car / by train.*
3. *Where did you stay? We stayed at the camping site. / … at a holiday flat.*
4. *What did you do there? We … most of the time.*
5. *What was the weather like? Well, it was quite …*

Weitere Hinweise:

Die Interviewkonstellation kann mit einem humorvollen **Rollenspiel** verknüpft werden, bei dem die Schüler aus einer Fantasieperspektive heraus agieren. (*In the restaurant, At the doctor's*)

Beim **Drei-Schritt-Interview** werden Dreiergruppen gebildet: Schüler A, B und C. Zunächst interviewt Schüler A seinen Mitschüler B, während sich Schüler C Notizen macht. Dann befragt Schüler B den Mitschüler C, wobei A mitschreibt. Zuletzt interviewt C den Mitschüler A, und B fungiert als Beobachter. Nach ca. 3 × 5 Minuten Interviewzeit tun sich jeweils zwei Dreiergruppen zusammen und tauschen sich mithilfe ihrer Notizen über ihre Themen aus.

1 vgl. Klein-Landeck: 66 Spielideen Englisch, AUER Verlag, S. 35–37

Kurzbeschreibung der Methode:

Diese Übungen schulen das aufmerksame Zuhören. Ob das Gehörte von den Schülern richtig verstanden wurde, erweist sich in der korrekten Ausführung der anschließenden Handlung.

Durchführung / Beispiele:

- **Blindfolded** lässt sich in der Sporthalle oder auf dem Schulhof spielen. Voraussetzung ist, dass die Schüler vertrauensvoll miteinander umgehen und Redemittel aus dem Bereich *giving directions* bekannt sind. Die Klasse errichtet mit Gegenständen (Matten, Kästen …) einen leicht zu überwindenden Parcours und teilt sich in mehrere Gruppen auf. Ein Schüler pro Gruppe läuft mit verbundenen Augen den Parcours ab, durch den er von den anderen Gruppenmitgliedern mittels englischer Kommandos gesteuert wird.
- Beim **Robot game** spielen Schüler reihum einen Roboter, der nur auf Kommandos wie "*Go to the window, please!*" oder "*Pick up that book, please*!" reagiert. Wird das *please* vergessen, werden die Rollen getauscht.
- Nach Einführung der Präpositionen gibt der Lehrer Kommandos wie "*Stand on your chair!*" oder "*Jump on one leg!*". Die Schüler führen diese aus. Wer falsch reagiert, gibt ein Pfand ab.
- Der Lehrer stellt einen neuen Sitzplan vor und weist den Schülern einzeln ihren neuen Sitzplatz zu ("*Jan is sitting in front of the blackboard.*", "*Anne's new seat is next to the window.*", "*Sven is sitting behind Kevin now.*" etc.) Die Schüler hören aufmerksam zu und setzen sich auf ihre neuen Plätze.
- Wenn Körperteile und wichtige *moves* auf Englisch bekannt sind, legt der Lehrer eine CD mit Tanzmusik ein. Die Klasse bewegt sich dazu im Takt. Kommandos wie "*Lift your right arm*" oder "*Touch your left foot*" werden vom Lehrer zwischendurch ausgerufen und von den Schülern umgesetzt.
- **Simon says** ist ein Spiel, bei dem der Lehrer Kommandos wie "*Simon says … Stand up! Touch your nose! Clap your hands*!" erteilt. Die Schüler trommeln mit den Fingern auf den Tisch und setzen die Ansage korrekt um. Wer zu spät oder falsch reagiert, scheidet aus.

Kurzbeschreibung der Methode:

Bei diesen Übungen geht es um die spielerische Überprüfung des Textverständnisses. Die zentralen Aussagen des Textes wurden zuvor ausreichend erarbeitet.

Durchführung / Beispiele:

- Beim **Heißen Stuhl** wird die Klasse in zwei Gruppen geteilt: *RIGHT* und *WRONG*. Es sitzen immer zwei Schüler paarweise nebeneinander. Die Paare sind durchnummeriert. Vorne an der Tafel steht ein Stuhl, der mit *RIGHT* beschriftet ist, und ein zweiter mit *WRONG*. Der Lehrer trägt eine auf den Text bezogene Aussage vor, die entweder richtig oder falsch ist. Dann ruft er ein Paar auf, das gegeneinander antreten soll, z. B. *No. 7.* Die beiden Schüler versuchen, so schnell wie möglich „ihren" Stuhl an der Tafel zu besetzen, um einen Punkt für ihr Team zu gewinnen. Wer zuerst sitzt, erhält den Punkt. Wer sich auf den falschen Stuhl setzt, bekommt einen Punktabzug. Je älter die Schüler und je komplexer die Texte sind, desto schwieriger kann die Aussage des Lehrers sein.
- Bei **Rot oder Grün?** erhält jeder Schüler eine rote und eine grüne Karte. Der Lehrer trägt textbezogene Aussagen vor, die richtig oder falsch sind. Die Schüler halten die entsprechende Karte hoch: Grün für richtig und rot für falsch. Nach jeder Runde wird kurz begründet, warum eine Aussage richtig oder falsch war.
- Beim **Großen Fragezeichen** trägt der Lehrer Sätze aus einem bekannten Text vor und lässt gelegentlich ein Wort aus. An dieser Stelle hält er eine Karte mit Fragezeichen hoch. Die Schüler erraten, um welchen Begriff es sich handelt.
- Ein bekannter Text wird mit verteilten Rollen vorgelesen. Ein Schüler steht vor der Klasse und „übersetzt" den Text simultan in pantomimische Bewegungen. Dies kann sehr witzig sein, wenn es ihm gelingt, den Inhalt rasch aufzufassen und auf amüsante Weise visuell umzusetzen. Wer kann die **Pantomime** am besten?
- Die Schüler haben den Stadtplan von London vor sich. Zu einem Hörtext über eine Stadtrundfahrt, die Verfolgung eines Bankräubers o. ä. zeichnen sie die entsprechende Wegstrecke ein. Wer kommt bei der **Rallye** am richtigen Zielpunkt an?
- 4–6 Schüler bilden eine Gruppe. In ihrer Mitte liegt ein Stapel mit etwa 15 **Wortkarten**, die Schlüsselbegriffe zu einem Hörtext enthalten. Die Schüler lesen die Begriffe und legen die Karten auf den Tisch. Dann wird der Text gehört. Wer einen Schlüsselbegriff erkennt, versucht möglichst schnell, sich die entsprechende Karte zu schnappen und hochzuhalten. Stimmt der Begriff, darf der Schüler die Karte behalten. Gewinner ist, wer am Ende die meisten Karten hat.

4.3 Pre-, while- and post-listening activities (Hörverstehensübungen)

variabel | ab Kl. 5

Kurzbeschreibung der Methode:

Hilfreich für die Entwicklung des Hörverstehens sind gezielte Übungen, die durch *pre-, while- and post-listening activities* begleitet werden.

Durchführung:

1. VOR dem Hören

- Interesse für das Thema wecken, Bezug zu den Schülern herstellen, den Kontext klären: Wer spricht zu wem? Wo und wann? Worüber? (W-Fragen)
- Vorwissen zum Thema aktivieren, ggf. Bilder dazu betrachten
- sprachliche Mittel bereitstellen, Vokabular aktivieren
- Vermutungen über den Textinhalt anstellen, Überschrift und Illustrationen beachten
- Erwartungen formulieren und Fragen stellen, die beim Hören geklärt werden sollen

2. BEIM Hören

- Ankreuzaufgaben mit den Optionen *right/wrong/not given* lösen
- Multiple-Choice-Aufgaben lösen
- Lückentexte mit *keywords* ergänzen
- ein Bild oder eine Zeichnung zum Hörtext anfertigen
- Bilder nummerieren und in die richtige Reihenfolge bringen
- Bilder ankreuzen, die zum Text gehören, überschüssige Bilder aussortieren
- Fehler in einem Bild suchen und markieren
- Notizen zu Inhaltsfragen machen: *Who? Where? What? When? Why?* (W-Fragen)

3. NACH dem Hören

- Satzanfänge vervollständigen
- Sätze in die richtige Reihenfolge bringen
- das Gehörte mündlich oder schriftlich zusammenfassen
- über den Inhalt diskutieren, sich austauschen, offene Fragen klaren
- Rollenspiele zum Text durchführen
- eine Inhaltsangabe oder persönliche Stellungnahme verfassen

Weitere Hinweise:

Hörtexte im Englischunterricht sollten immer mehrmals angehört werden, sodass die Schüler Schritt für Schritt ihr Verständnis erweitern. Nach jedem Durchgang können zunehmend komplexere Fragen geklärt werden.

4.4 Traumreise

Kurzbeschreibung der Methode:

Eine Traumreise (Phantasiereise, *guided fantasy*) ist eine Form der Meditation, die sowohl zur Fokussierung als auch zur Entspannung dienen kann. Sie lässt die Schüler konzentrierte Ruhe als etwas Positives erleben und bietet ein Gemeinschaftserlebnis. Traumreisen regen die Vorstellungskraft an, eignen sich aber auch gut zur Einführung in ein neues Thema. Im Englischunterricht wird darüber hinaus das genaue Zuhören trainiert.

Decken, Matten oder Teppichboden

Durchführung:

- Der Lehrer wählt einen geeigneten Zeitpunkt für die Traumreise und sorgt für eine angenehme Atmosphäre. Er entscheidet, ob die Traumreise der Entspannung (z.B. vor der Klassenarbeit) dient oder der Einführung in ein neues Thema. Die Schüler sitzen oder liegen bequem. Ihre Augen sind geschlossen. Sie werden gebeten, sich auf die Traumreise einzulassen und sich das Vorgetragene vorzustellen. Es gilt striktes Redeverbot.
- Der Lehrer trägt frei vor oder liest einen vorbereiteten Text. Er spricht mit ruhiger Stimme in getragenem Tempo, ohne monoton zu klingen, und trägt so zur konzentrierten Aufmerksamkeit bei.
- Die Schüler erhalten ggf. im Anschluss die Gelegenheit, sich zur Reise zu äußern, ihre Empfindungen zu beschreiben oder ein Bild zu malen.

Beispiel:

"Be very quiet now. Sit back and relax. You are going on a long, long journey. So close your eyes and listen carefully. Imagine you are sitting on a beautiful, sandy beach. The sun is shining and the sand feels warm. There is a light wind in your hair and it feels so good to be here. In the distance, you can hear a flock of seagulls crying and the deep sound of a ship blowing its horn. You hear the waves rolling and rolling and they all carry a scent of salt with them. You smell the salty air and you can feel the salt on your tongue. Everything is very colourful now as you walk into the forest nearby. You see the beautiful birds in the trees with their long, long feathers in different colours. You see dark blue feathers and yellow ones, purple feathers and the red beak of a strange bird you have never seen before. It looks at you as if to say: 'Welcome to paradise.' There is the intense smell of fresh green grass, which feels so soft under your bare feet, and the trees are full of deliciously looking fruit. You pick some beautiful bright red berries and taste them. Hmmmmm! Now you go back to the beach and wait for the fishermen in their long boats to take you back home again, back to your family and friends, back to your classmates. You look back once again and feel happy. It's a warm feeling in your heart. Now you are back in your classroom. So please open your eyes and don't talk. Just arrive quietly and enjoy this moment."

Kurzbeschreibung der Methode:

Englischlehrer wissen nicht immer, ob das, was sie sagen, auch wirklich bei den Schülern ankommt. Erst, wenn ein Auftrag nicht richtig umgesetzt wurde, heißt es oft entschuldigend: „Ich habe nicht verstanden, was wir tun sollen!" Auch hören Schüler sich gegenseitig nicht immer gut zu. Mit der Echo-Methode wird das konzentrierte Zuhören und das Eingehen auf den Gesprächspartner geübt.

Durchführung:

- Der Lehrer zeigt ein abstraktes Bild, das viel Raum für Interpretation lässt. Der Titel des Bildes wird nicht genannt.
- Ein Schüler äußert seine persönliche Vermutung zum Bild. Dann ruft er einen Mitschüler auf. Dieser wiederholt zunächst möglichst exakt die Aussage des Vorgängers. Anschließend stellt er seine eigene Vermutung zum Bild vor, usw. Je fortgeschrittener die jeweiligen Englischkenntnisse sind, desto stärker kann der Wortlaut (nicht die inhaltliche Aussage!) variiert werden. Während der Übung halten die Schüler direkten Blickkontakt.

Beispiel:

Sascha: *"I think, the picture shows a couple holding hands. They are going for a walk."*

Kati: *"Sascha, you think that you see two people who hold each other's hands as they are out for a walk. But in my opinion, these are two farmers on their way to the fields and they are carrying lunch boxes."*

Michael: *"Kati, I agree with you, but ..."*

Weitere Hinweise:

Wenn im Unterricht Anweisungen an die Schüler gegeben werden sollen, kann der Lehrer diese zusätzlich mit visuellen Impulsen unterstützen (Anschreiben der Arbeitsaufträge an die Tafel, Aushängen von Icons für Unterrichtsphasen etc.).

Wichtige *classroom phrases* werden in großer Schrift auf Plakaten ausgehangen, das steigert den Wiedererkennungswert beim Hören.

Eindeutige Gesten, eine direkte Schüleransprache und deutliche Lippenbewegungen können hilfreich sein. Das Sprechtempo zu verlangsamen und ggf. die Stimme zu senken, kann die Aufmerksamkeit der Schüler erhöhen.

Auch im Sport- oder Musikunterricht können einfache Anweisungen auf Englisch gegeben werden.

5.1 Laufdiktat

15 Min. ab Kl. 5

Kurzbeschreibung der Methode:

Mit dem Laufdiktat soll das Augenmerk auf die englischen Rechtschreibregeln konzentriert werden. Es trainiert spielerisch die richtige Schreibung englischer Wörter im jeweiligen Kontext und kommt dem Bewegungsdrang der Schüler entgegen. Es bieten sich gute Möglichkeiten zur Differenzierung durch unterschiedlich anspruchsvolle Texte. Die Schüler arbeiten nach individuellem Lerntempo und übernehmen Verantwortung für eine gründliche Selbstkontrolle.

Diktat-Texte auf laminierten DIN-A4-Karten

Durchführung:

- Der Lehrer bereitet inhaltlich und sprachlich angemessene Diktat-Texte vor, die dem Lehrwerk entnommen sein können. Pro Text wird eine DIN-A4-Karte bereitgestellt. Die einzelnen Sätze sind klar voneinander abgerückt.
- Die Texte werden in einiger Entfernung vom Arbeitsplatz der Schüler ausgelegt, z. B. auf der Fensterbank.
- Jeder Schüler wählt einen Text aus und liest einen oder mehrere Sätze, je nachdem, wie viel er sich merken kann. Dann geht er zurück an seinen Arbeitsplatz. Beim Gehen kann das Gelesene leise wiederholt werden. Nun schreibt er alles, was er sich merken konnte, in sein Heft und verfährt so weiter, bis der ganze Text abgeschrieben ist. Abschließend wird der geschriebene Text mit dem Diktat-Text auf der Karte Satz für Satz abgeglichen und auf Fehler überprüft.

Beispiel:[1]

Leo the lion is big and strong.
Matthew the mouse is small and intelligent.
They both live in the woods.
One day, Leo is tired and sleeps under a tree.
Matthew goes for a walk.
Suddenly, the ground moves under him.
Matthew is standing on an animal's paw!
It's the lion's paw! And the lion is awake now!
Leo is angry and looks at Matthew.
Will he eat him?

1 In Anlehnung an die Fabel *The lion and the mouse*

Kurzbeschreibung der Methode:

Vom Leseverstehen zur eigenen Textproduktion ist es mitunter ein langer Weg. Nicht nur jüngeren Schülern fällt es schwer, sich schriftlich auf Englisch auszudrücken. Die erworbenen sprachlichen Mittel sind oft noch wenig verfügbar, die Angst vor Fehlern groß. Der Satzbaukasten kann auf dem Weg zu eigenen, frei formulierten Texten eine Hilfe sein, Sicherheit geben und die Freude am Schreiben englischer Texte steigern.

Durchführung:

- Der Lehrer bereitet auf Arbeitsblättern einen Satzbaukasten vor (siehe Beispiel). Das Wortfeld *describing people* wurde im Unterricht bereits eingeführt.
- Die Schüler beschreiben sich selbst, indem sie die Textlücken individuell füllen. Anschließend schreiben sie alles noch einmal ab. Wer den Text auch ohne Satzbaukasten verfassen kann, darf frei formulieren.
- Die Texte werden vorgetragen und in das **Portfolio** übernommen. Besonders reizvoll ist es, wenn der Lehrer einzelne Beispiele vorliest und die Klasse anhand der Beschreibung rät, um welchen Schüler es sich handelt.

Beispiel:

Describe yourself: Finish the sentences, then copy your text.

1. My eyes are ______________________.
   (light brown, dark brown, green, blue, black)

2. My hair is ______________________.
   (long, short, curly, straight, brown, blond, black, red)

3. I'm rather ______________________.
   (tall, small, sporty, big, slim)

4. I've got ______________________.
   (glasses, a beard, a moustache, freckles, no glasses, no beard, no freckles)

5. I wear ______________________.
   (a blue jumper, a white T-shirt, a pink dress, a black jacket, a red skirt, jeans)

6. My ______________ are ______________.
   (socks, shoes, boots, trainers) (striped, black and white, brown, new, old)

Kurzbeschreibung der Methode:

Im Englischunterricht bieten sich vielfältige Anlässe für kreative Schreibprozesse. Diese sollten wichtige Themen behandeln und die Schüler motivieren, eigene Texte zu verfassen. Die Freude am Schreiben steht dabei im Mittelpunkt, sukzessive wird der Fokus dann auf sprachliche Richtigkeit gelenkt.

Durchführung:

Der Lehrer gibt Schreibanlässe und zeigt ggf. gelungene Beispieltexte.
Die Aussicht auf Veröffentlichung der Arbeiten motiviert die Schüler zusätzlich: Die Texte werden vorgelesen, in der Klasse ausgestellt oder als Buch gebunden.

Beispiele:

Die Schüler gestalten und schreiben ...

1. ... ME-Texte (*My home / My favourite sports / My pets)*
2. ... Dialoge und Geschichten (*At the fleamarket / A Ghost Story)*
3. ... Werbeplakate für neue, ungewöhnliche Produkte.
4. ... Urlaubspostkarten aus Großbritannien, USA, Kanada, Australien ...
5. ... lustige Texte zu witzigen Bildvorgaben.
6. ... Fahndungsplakate *WANTED* für Film- und Fernsehstars, Sänger ...
7. ... Bastelanleitungen.
8. ... Kochrezepte.
9. ... Texte zu **Wimmelbildern** mit Schlüssellochmasken. (Eine Bildfolie liegt auf dem OHP, darauf ein Bogen Papier mit einem Loch in der Mitte. Die Schüler sehen nur einen Ausschnitt und spekulieren über den Bildinhalt.)

Weitere Hinweise:

Hilfreich ist es, wenn die Schüler zunächst Stichworte in der **Ideensonne** sammeln bzw. erste Ideen anhand von W-Fragen (*Who? When? Where? What? Why?*) einordnen. Diese werden in sinnvoller Reihenfolge notiert und schließlich zu einfachen Sätzen ausformuliert.

Kurzbeschreibung der Methode:

Die Spickzettelmethode dient dazu, einen gelesenen Text anhand von Schlüsselbegriffen zu erschließen und zusammenzufassen. Aus dem „Spickzettel" kann schließlich die schriftliche Wiedergabe in eigenen Worten entwickelt werden. Die Herausforderung besteht darin, Kerninformationen aus dem Text herauszufiltern und in geeigneter schriftlicher Form wiederzugeben.

Karteikarten

Durchführung:

- Die Schüler zählen durch (1 – 2 – 1 – 2 usw.). Jeweils ein Schüler 1 und ein Schüler 2 bilden ein **Lerntandem**. Jedes Tandem bearbeitet zwei unterschiedliche Texte zu verschiedenen Aspekten des gewählten Oberthemas.
- Jeder Schüler fertigt einen Spickzettel mit 5 – 10 Schlüsselbegriffen, aber einer unbegrenzten Anzahl an Symbolen und Zeichnungen (zum leichteren Einprägen der Inhalte) zu seinem Text an: Er liest den Text, unterstreicht Schlüsselbegriffe, schreibt diese auf die Karteikarten und macht ggf. Zeichnungen. Dann trägt er seinem Partner die wichtigsten Textaussagen mithilfe des Spickzettels vor. Der Lernpartner macht sich dazu Notizen auf der Rückseite seiner Karteikarte. Dann ist er mit dem Vortrag an der Reihe.
- Abschließend trägt jedes **Lerntandem** seine Ergebnisse im Plenum vor. Die Mitschüler ergänzen ggf. und diskutieren die Inhalte.
- In einer Stillarbeitsphase verfassen die Schüler schriftliche Wiedergaben der „fremden" Texte auf Basis ihrer Notizen.

Kurzbeschreibung der Methode:

Beim stummen oder stillen Schreibgespräch kommunizieren die Schüler, indem sie ihre Gedanken aufschreiben. Das sorgt für eine sehr intensive Auseinandersetzung, denn sie müssen ihre Beiträge gut durchdenken, präzise formulieren und genau aufeinander eingehen. Das regt auch ruhigere Schüler zur Mitarbeit an.

große Papierbögen

Durchführung:

- Das Thema bzw. eine strittige Frage wird vom Lehrer vorgegeben. Jeweils zwei Schüler erhalten einen Bogen Papier, auf dem jeder für sich Ideen und Vorschläge notiert. Der andere ergänzt oder kommentiert diese schriftlich.
- So erstellen beide Schüler gemeinsam einen Text oder legen eine Stichwortsammlung an.
- Erst zum Schluss erfolgt die sprachliche Überarbeitung, ggf. mithilfe eines Wörterbuchs.
- Die Ergebnisse werden im Plenum vorgelesen. Die Mitschüler kommentieren und geben konstruktives Feedback.

Beispiele:

1. Gruselgeschichten (*When Kevin suddenly woke up last night he heard …*)
2. Was nehme ich mit auf eine einsame Insel? (*I'd take my PC because …*)
3. Was tun, wenn der Strom ausfällt? (*Well, we play games …*)
4. Wohin soll die Klassenfahrt gehen? (*Let's go to Liverpool, because …*)
5. Sammlung sprachlicher Mittel zum Thema (*analysing texts*)

Weitere Hinweise:

Bei stummen Schreibgesprächen in größeren Gruppen arbeiten zunächst 4–6 Schüler zusammen. Nach einiger Zeit dürfen sie herumgehen und sich an den Gesprächen anderer Gruppen beteiligen.

Kurzbeschreibung der Methode:

Sachliche, konstruktive Rückmeldung zu einem Referat geben zu können, ist eine wichtige Schlüsselkompetenz. Ein gutes Feedback stellt Gelungenes heraus und gibt Tipps, was noch verbessert werden könnte. Unverzichtbar ist das Bemühen um eine wertschätzende Beschreibung der Leistung und das Vermeiden verletzender Abwertungen einer Person. Je nach fremdsprachlichen Kompetenzen wird das Feedback in höheren Klassen auf Englisch gegeben.

Durchführung:

- Die Klasse sammelt Kriterien für ein gutes Referat und strukturiert diese übersichtlich in einem Feedback-Bogen (siehe Beispiel).
- Nach der Präsentation eines Referats tauschen sich die Schüler leise untereinander aus, kreuzen im Feedback-Bogen Gelungenes an und notieren Verbesserungsvorschläge.
- Im Unterrichtsgespräch stellen sie dann zuerst das Positive heraus und geben dann Tipps an den Referenten. Dabei sollte darauf geachtet werden, dass Aussagen sich nicht ständig wiederholen, sondern immer neue Impulse geben.

Beispiel:

Name des Referenten: ________________ Thema des Referats: ________________

Kriterien	Positives	Tipps
Inhalt Thema vollständig bearbeitet Wesentliches wiedergegeben gute Einleitung, klare Gliederung verständliche Präsentation	 X X X X	
Vortragsweise angemessene Lautstärke und Tempo deutliche Aussprache möglichst freies Sprechen	 X	 besser mit Karteikarten arbeiten
Körpersprache überzeugend, freundlich, interessiert den Zuhörern zugewandt aufrechte, sichere Körperhaltung	 X X	 die Zuhörer öfter ansehen
Optische Unterstützung Fotos, Folien, Gegenstände Gliederung an Tafel / auf Folie		 die Fotos rechtzeitig herumreichen!

Kurzbeschreibung der Methode:

Englischlehrer profitieren davon, wenn sie sich regelmäßig Feedback von ihrer Klasse einholen. Dazu kann ein Einschätzungsbogen (siehe Beispiel) ein hilfreiches Instrument sein. Er macht deutlich, welche Stärken und Schwächen der Unterricht aus Schülersicht hat, und was sich verbessern ließe.

Beispiel:

Einschätzungsbogen für meine / n Englischlehrer / in Herr / Frau ____________:

Mein / e Englischlehrer / in ...	sehr oft	oft	manchmal	nie
... ermutigt mich zur Mitarbeit.				
... kontrolliert meine Hausaufgaben.				
... gibt mir klare Leistungsrückmeldungen.				
... sagt mir, wie ich besser werden könnte.				
... ist gerecht.				
... achtet auf das Einhalten von Regeln.				
... kann gut erklären.				
... macht interessanten Unterricht.				
... macht abwechslungsreichen Unterricht.				
... ist immer gut vorbereitet.				
Im Unterricht ...				
... wird genug geübt und wiederholt.				
... lerne ich viel.				

Weitere Hinweise:

Anzahl und genauer Wortlaut der oben aufgeführten Aspekte können individuell angepasst werden. Ganz wichtig: Die Anonymität der Antworten muss gewährleistet sein, denn geschönte Antworten tragen nicht zur Verbesserung des Unterrichts bei!

Die Schüler müssen wissen, dass ihre Rückmeldungen ernst genommen werden. Der Lehrer sollte das Gespräch suchen und kritische Punkte im Plenum ansprechen: „Ich habe gemerkt, dass manche ..."; Vielleicht könnten wir ab jetzt ..."

Kurzbeschreibung der Methode:

Der Englischunterricht muss die Entwicklung methodischer Kompetenzen unterstützen und die Schüler zur kritischen Auseinandersetzung mit verschiedenen Arbeitsformen anleiten. So lässt sich z.B. auch der Wochenplan Englisch gemeinsam weiterentwickeln und optimieren.

Beispiel:

Fragebogen zur Wochenplanarbeit in Klasse ____ :

Name: ______________________	++	+	o	–
1. Mir gefällt die Englisch-Wochenplanarbeit.				
2. Es gibt interessante Lernangebote zur Auswahl.				
3. Die Menge der Aufgaben ist angemessen.				
4. Die Aufgaben sind nicht zu leicht oder zu schwer.				
5. Ich schaffe meine Aufgaben selbstständig.				
6. Ich erhalte genügend Hilfe beim Lernen.				
7. Ich möchte mehr freie Aufgaben gestellt bekommen.				
8. Ich erhalte ausreichend Rückmeldung zu meiner Leistung.				
9. In der Wochenplanarbeit lerne ich konzentriert.				
10. Bei der Wochenplanarbeit ist es oft laut.				

DAS ist nötig, damit die Wochenplanarbeit im Fach Englisch für mich noch besser wird: ______________________

DAS würde ich verbessern: ______________________

Weitere Hinweise:

Nach Auswertung der Fragebögen sollten die Verbesserungsvorschläge der Schüler diskutiert und auf ihre Umsetzbarkeit hin überprüft werden. Schüler haben oft sehr kreative Ideen, wenn es um die Verbesserung der Unterrichtspraxis geht!

Kurzbeschreibung der Methode:

Noten geben Schülern keine konkrete Rückmeldung über ihren individuellen Leistungsstand. Mit dem Selbsteinschätzungsbogen lernen sie, eigene Stärken und Schwächen differenzierter wahrzunehmen. Dies stellt eine gute Basis für Lernentwicklungsgespräche und die Planung nächster Lernschritte dar.

Durchführung:

Die Kriterien für die Leistungsbewertung werden mit der Klasse besprochen und in einem Fragebogen zusammengestellt. Jeder Schüler erhält einen Bogen.
Am Ende des Schuljahres kreuzt jeder Schüler auf seinem Bogen den nach seiner Einschätzung erreichten Lernstand an („Ich kann …"). Der Lehrer füllt ebenfalls einen solchen Bogen für jeden Schüler aus (sinngemäß sollte dort stehen „Du kannst …").
In einem individuellen Lernstandsgespräch vergleichen Lehrer und Schüler ihre jeweiligen Ergebnisse und halten fest, wie der Lernstand tatsächlich einzuschätzen ist. Ggf. werden daraus resultierende Lernzielvereinbarungen schriftlich festgehalten.

Beispiel:

Selbsteinschätzungsbogen zum Lern- und Leistungsstand in Jgst. ______:

Name: ____________________		++	+	0	--
Hörverstehen	Ich kann wesentliche Aussagen verstehen, wenn ich gesprochenes Englisch höre.				
Leseverstehen	Ich kann wesentliche Aussagen verstehen, wenn ich englische Texte lese.				
Vorlesen	Ich kann englische Sätze flüssig und mit sinnvoller Betonung lesen.				
Teilnahme am U-Gespräch	Ich beteilige mich regelmäßig und kann mich verständlich äußern.				
Sprechen	Ich kann zu vorbereiteten Themen zusammenhängend sprechen.				
Schreiben	Ich kann Texte verständlich und sprachlich korrekt formulieren.				
Sprachmittlung	Ich kann Äußerungen verständlich in die jeweils andere Sprache übertragen.				
Wortschatz	Ich verfüge über einen Wortschatz, der meiner Jahrgangsstufe angemessen ist.				
Grammatik	Ich kann grammatische Strukturen sicher anwenden.				
Aussprache	Ich kann vertraute Wörter richtig aussprechen.				
Rechtschreibung	Ich kann englische Wörter richtig schreiben.				

Kurzbeschreibung der Methode:

Nicht alle Schüler haben ein sicheres Gespür dafür, was sie schon können bzw. (noch) nicht können. Selbsteinschätzungsbögen helfen ihnen dabei, kritisch und kriteriengeleitet darüber nachzudenken, inwieweit ihnen selbstständiges Arbeiten bereits gelingt und welche Kompetenzen sie noch erwerben müssen.

Durchführung:

- Die Kriterien für die Leistungsbewertung werden mit der Klasse besprochen und in einem Fragenbogen zusammengestellt. Jeder Schüler erhält einen Bogen.
- In regelmäßigen Abständen bearbeiten Schüler einen Selbsteinschätzungsbogen und führen individuelle Reflexionsgespräche mit dem Englischlehrer (Was gelingt dir schon gut? Woran willst du arbeiten?).
- Vereinbarungen werden schriftlich festgehalten.

Beispiel:

Selbsteinschätzungsbogen zum Lernverhalten in der Freiarbeit:

Name: ______________ Datum: __________	++	+	0	– –
VOR DER FREIARBEIT kann ich …				
… meinen Platz so vorbereiten, dass ich gut arbeiten kann.				
… Aufgaben wählen, die weder zu leicht noch zu schwer sind.				
BEI DER FREIARBEIT kann ich …				
… Aufgaben gründlich lesen und verstehen.				
… zügig mit der Arbeit beginnen.				
… ausdauernd, ruhig und konzentriert arbeiten.				
… erkennen, wann ich Hilfe benötige und mir diese holen.				
… die 30-cm-Flüsterstimme einhalten.				
… angefangene Aufgaben erfolgreich zu Ende bringen.				
… meine Arbeit selbstständig überprüfen.				
NACH DER FREIARBEIT kann ich …				
… meinen Arbeitsplatz ordentlich aufräumen.				
… fertige Aufgaben richtig abheften.				
… meine Leistung gut einschätzen.				
… das nächste Arbeitsvorhaben schon formulieren.				

Kurzbeschreibung der Methode:

Die Schüler müssen lernen, wie sie sich systematisch und effektiv auf eine Klassenarbeit vorbereiten können. Es ist Aufgabe des Englischunterrichts, sie bei der Entwicklung der erforderlichen Kompetenzen zu unterstützen.

Durchführung:

- Der Lehrer stellt den Schülern rechtzeitig (1–2 Wochen) vor der Englischarbeit die wichtigsten Informationen zu folgenden Fragen schriftlich zusammen: *Was kann drankommen? Welche Themen/Vokabeln/Grammatikprobleme werden abgefragt? Welche Texte und Übungen im Lehrwerk wurden behandelt, sodass man diese wiederholen kann? Wie können sich die Schüler sinnvoll auf die Arbeit vorbereiten?*
- Die Klasse blättert durch das Buch, betrachtet die infrage kommenden Themen und Aufgaben, Arbeitsblätter werden auf Vollständigkeit überprüft, offene Fragen geklärt.
- Im Unterrichtsgespräch stellen die Schüler bewährte Lerntipps und -strategien vor. Diese werden gemeinsam besprochen und ergänzt.

Beispiele:

Mögliche Lerntipps und -strategien:

1. Nicht erst kurz vor der Klassenarbeit anfangen zu lernen, sondern schon etwa ein bis zwei Wochen vorher. Prüfen, ob alle nötigen Unterlagen, Arbeitsblätter etc. vollständig sind.
2. Den Lernstoff in Häppchen aufteilen und gleichmäßig über den o. g. Zeitraum verteilen.
3. Nicht zu lange am Stück lernen, sondern in angemessenen Portionen. Pausen machen!
4. Das Wichtigste auf einem Spickzettel (A4) zusammenfassen und mit anderen besprechen. Den Zettel überarbeiten und auf ein kleineres Blatt übertragen.
5. Diesen Vorgang wiederholen und auf immer kleineren Spickzetteln zusammenfassen. Den am Schluss entstandenen Mini-Spickzettel dann in der Tasche lassen (nicht benutzen!).
6. In der Klassenarbeit zunächst alle Aufgaben in Ruhe durchlesen und ggf. nachfragen.
7. Mit leichten Aufgaben beginnen und dann nach und nach die schwereren Aufgaben bearbeiten.

Weitere Hinweise:

Es empfiehlt sich, nach jeder Englischarbeit einzelne Schüler berichten zu lassen, wie sie sich vorbereitet haben. Die Mitschüler lernen sowohl von den Tipps erfolgreicher Mitschüler als auch von den Erfahrungen nicht so erfolgreicher Klassenkameraden.

Kurzbeschreibung der Methode:

Es erleichtert den Unterricht, wenn Schüler sich im Lehrwerk zurechtfinden und wissen, wo sie etwas nachschlagen können. Dies hilft ihnen auch dabei, zu Hause selbstständig mit dem Englischbuch zu arbeiten. Eine Rallye dient der ersten Orientierung im Lehrbuch und führt spielerisch in die zielgerichtete Nutzung ein.

Durchführung:

- Der Lehrer bereitet ansprechende Suchaufträge und Aufgaben vor, die sich nur durch intensives Recherchieren im Lehrwerk beantworten lassen.
- Die Aufgaben werden in Einzel- oder Partnerarbeit schriftlich bearbeitet. Die Auswertung erfolgt im Plenum.

Beispiele:

Mögliche Suchaufträge und -aufgaben:

1. Die Schüler schauen im Inhaltsverzeichnis nach, wie viele Kapitel ihr Buch hat.
2. Sie schlagen ein beliebiges Kapitel auf und notieren, worum es dort geht.
3. Sie notieren, auf welches Kapitel sie sich besonders freuen, und warum.
4. Die Schüler finden heraus, auf welchen Seiten die Hauptpersonen vorgestellt werden und wie diese beschrieben werden.
5. Sie nennen die Seiten, auf denen man einen Doppeldecker / ein englisches Lied / eine rote Telefonzelle / einen Stadtplan von London findet.
6. Sie finden heraus, wo man die Vokabeln von Kapitel 1 findet.
7. Die Schüler suchen das alphabetische Wörterverzeichnis English-German.
8. Sie schauen nach, auf welcher Seite der Grammatikteil beginnt.
9. Sie schlagen die Seiten mit den englischen Zahlen und den Monatsnamen nach.
10. Sie suchen die Erklärung der im Lehrwerk benutzten Symbole.

Weitere Hinweise:

Erfolgreiche Teilnehmer werden mit einem „Führerschein" ausgezeichnet.

7.1 Lerntheke

1–4 UE | ab Kl. 5

Kurzbeschreibung der Methode:

Die Lerntheke eignet sich als Einstieg in offene Arbeitsformen. Vorbereitung und Durchführung sind nicht aufwendig und das Thema ist eng eingegrenzt. Dennoch ermöglicht sie Schülern die freie Aufgabenwahl und fördert das eigenverantwortliche Arbeiten nach individuellem Tempo.

Texte, Bücher und Anschauungsmaterial zum Thema, PC

Durchführung:

- Der Lehrer stellt vielfältige Lernmaterialien und Aufgaben zu einem Thema zusammen, die aber nicht zwingend aufeinander aufbauen müssen, und legt diese auf der „Theke" (z.B. zwei Schülertische) aus. Ein Bearbeitungszeitrahmen von 1–4 Unterrichtsstunden wird vereinbart.
- Die Materialien berücksichtigen unterschiedliche Anforderungsniveaus, Auswahl und Reihenfolge der Bearbeitung sind freigestellt. Eventuell werden ein paar Pflichtaufgaben verbindlich festgelegt.
- Die Schüler bearbeiten die Aufgaben nach ihrem individuellem Tempo. Jede Arbeit sollte beendet werden, bevor eine neue gewählt wird. Der Lehrer beobachtet, unterstützt und sorgt für eine entspannte Lernatmosphäre.

Beispiel:

Lerntheke zum Thema „Halloween":

1. Texte (Schwierigkeitsgrad * oder ** oder ***) zur Herkunft des Festes.
2. Bücher zum Thema „Halloween" in englischer Sprache
3. Vordrucke zum Ausmalen von Monstern und Vampiren
4. Bastelanleitungen zum Herstellen eines Hexenmobiles und gruseliger Dekoration
5. Rätsel zum Wortfeld „Halloween"
6. *trick-or-treat rhymes* zum Auswendiglernen
7. eine englischsprachige Anleitung zum Aushöhlen des *pumpkins*

Weitere Hinweise:

Die Aufgaben und Materialien sollten vielfältige Aspekte des Themas ansprechen und unterschiedliche Schüleraktivitäten anregen.

Zum Abschluss der Lerntheke ist eine kurze Vorstellungsrunde der Schülerbeiträge empfehlenswert.

Kurzbeschreibung der Methode:

Der Lernzirkel stellt eine Zwischenstufe zwischen **Lerntheke** und **Stationenlernen** dar. Als Trainingsmethode dient er dem Einüben sprachlicher Muster, der Auffrischung von Grammatikkenntnissen oder der vertiefenden Wortschatzarbeit.

Texte, Bücher, Anschauungsmaterial, PC, Stationsschilder

Durchführung:

- Der Lehrer baut (nummerierte) Stationen im Klassenraum auf, die verschiedene Eingangskanäle und Lerntypen (auditiv, visuell, haptisch) ansprechen, und erläutert die Lernangebote.
- Die Schüler durchlaufen den Lernzirkel einzeln oder paarweise in vorgegebener Reihenfolge und Richtung und arbeiten an den Stationen. Ein Zeitwächter achtet darauf, dass im Takt (z.B. alle 7 Minuten) gewechselt wird.
- In einer Doppelstunde sollten alle Stationen durchlaufen und der Lernzirkel abgeschlossen sein. Zum Abschluss dürfen die Schüler an ihrer Lieblingsstation weiterarbeiten.

Beispiele:

1. Zur Vorbereitung auf die Klassenarbeit werden im Lernzirkel entsprechende Übungsangebote gemacht.
2. Der Lernzirkel bietet Trainingsmöglichkeiten zu wichtigen Grammatikthemen und stellt an jeder Station geeignetes Übungsmaterial zur Verfügung.

Weitere Hinweise:

Zu Beginn der 5. Klasse bietet sich ein Lernzirkel an, der typische Themen des Englischunterrichts in der Grundschule aufgreift. Der Lehrer gewinnt Einsicht in die individuellen Lernstände und kann daraus didaktische Konsequenzen für die differenzierte Gestaltung des Unterrichts ziehen oder Fördermaßnahmen planen.

Kurzbeschreibung der Methode:

Beim Stationenlernen sind Zeitfenster und Lernangebote umfangreicher als bei **Lerntheke** und **Lernzirkel**. Die Aufgaben sind stärker differenziert und die Reihenfolge ihrer Bearbeitung ist freigestellt. Das Stationenlernen kann von mehreren Unterrichtsstunden bis zu einigen Wochen dauern.

Hörtexte, Fotos, Stadtpläne, Zeitschriften, CDs, DVDs zum Thema

Durchführung:

- Der Lehrer bereitet Aufgaben und Lernmaterialien zum Thema vor (Mengenrichtwert: Anzahl der Schüler geteilt durch 2). Je größer das Angebot, desto vielfältiger die Arbeitsmöglichkeiten. Ein zu kleines Angebot führt zu „Stau" an besonders beliebten Stationen.
- Meist werden Pflichtaufgaben (verbindlich), Wahlpflichtaufgaben (jeder wählt Aufgaben aus einem Pool) und Wahlaufgaben (freiwillig) unterschieden. Zur Orientierung über den Lernweg dienen Laufzettel, auf denen bearbeitete Aufgaben abgezeichnet werden.

Beispiel:

Stationenparcours zum Thema „New York" in 11 Stationen (Klasse 8)

1. Ein Hörtext zum Thema „Stadtrundfahrt durch Manhattan" wird nachvollzogen, indem die Schüler der Routenbeschreibung mit dem Stift im Stadtplan folgen und die „besuchten" Sehenswürdigkeiten markieren.
2. Fotos und Texte zu den *sights* werden einander zugeordnet.
3. Die Schüler verfassen einen Brief: *"A Day in New York City"*
4. Sie lesen in der SPOT ON über das Leben New Yorker Teenager.
5. Die Schüler backen *American cookies* in der Schulküche.
6. Sie fertigen eine Zeitleiste zur Geschichte New Yorks an.
7. Die Schüler hören *"New York, New York"* von Frank Sinatra und bearbeiten Fragen dazu.
8. Sie lösen Rätsel zu den Unterschieden zwischen *British and American English.*
9. Sie spielen Rollenspiele zu Themen wie *"At the tourist office"* oder *"Going out"*.
10. Die Schüler sehen den Film *„Kevin allein in New York"* und bearbeiten Beobachtungsaufgaben dazu.
11. Sie lösen ein Arbeitsblatt mit einem *New York Quiz (facts and figures …).*

Kurzbeschreibung der Methode:

Wochenplan- und Freiarbeit sind in der Regel fächerübergreifend organisiert, die Schüler können also auch Aufgaben aus anderen Fächern wählen. Dies gibt zwar mehr Entscheidungsspielraum, hat aber auch eine steigende Anforderung an die Eigenverantwortlichkeit der Schüler zur Folge: Die Schüler müssen Entscheidungen treffen zur Arbeit (Fach, Thema, Aufgaben), zur Zeit (Lerntempo), zum Lernpartner (alleine, zu zweit, zu dritt) und zum Arbeitsplatz (Tisch, Flur, Boden).

Durchführung:

- Im Wochenplan werden die zu erledigenden Aufgaben aufgeführt. In höheren Klassen sind Zwei- oder Mehrwochenpläne gebräuchlich. Bei der Freiarbeit ist die Auswahl der Aufgaben meist nicht vorstrukturiert oder durch Pläne gesteuert.
- Der Englischlehrer stellt entsprechende Lerngelegenheiten bereit. In der Freiarbeit sind dies oft Lernmaterialien zum Begreifen und selbstständigen Erschließen von Unterrichtsinhalten.[1]
- In den ausgewiesenen Stunden (ideal: täglich) wählen die Schüler Aufgaben aus den beteiligten Fächern. Jeder Fachlehrer entscheidet, wie viele Stunden er an den Stunden-Pool abgeben will. Danach bemisst sich der Umfang der Aufgaben pro Fach.
- Im Wochenplan werden erledigte Arbeiten abgezeichnet. Bei der Freiarbeit werden oft **Lerntagebücher** verwendet, in denen die Schüler ihre Arbeit dokumentieren und reflektieren.

Beispiel:

Workplan English 6a, Theme 4

Tasks / Materials	OK
1. Pflichtaufgaben: Vokabeltrainer: Übe gründlich die neuen Wörter. *Comparison of adjectives:* Schreibe die Beispiele und Regeln (TB p. 143) ins Englischheft und lerne sie. Bearbeite mindestens eine Lernmaterialie zur Steigerung der Adjektive. **2. Wahlpflichtaufgaben: Wähle mindestens 1 Aufgabe!** Gestalte eine Geburtstagskarte wie in WB B2 (p. 48). **Oder:** WB p. 42: Überlege und kreuze an, wie gut du englische Texte lesen kannst. **Oder:** Übt zu dritt ein Rollenspiel zum Thema *„birthday"* ein und spielt es vor. **3. Wahlaufgaben** Lies ein englisches Buch aus der Klassenbibliothek. **Oder:** Spiele eines der neuen Spiele in der *English corner.*	

1 Vgl. Klein-Landeck: Fundgrube für die Freiarbeit Englisch, AUER Verlag 2011

7.5 Gruppenarbeit

Kurzbeschreibung der Methode:

Gruppenarbeit ist das selbstständige und kooperative Lernen in Teams von 3–6 Schülern. Dem Lehrer kommt eine beratende und unterstützende Rolle zu.

Durchführung:

- Das Rahmenthema wird in Unterthemen aufgeteilt. Die Schüler bilden eine entsprechende Anzahl etwa gleich großer Arbeitsgruppen.
- Damit sich alle aktiv beteiligen, werden folgende Rollen und Aufgaben verteilt: Moderator, Protokollant, Materialverwalter, Zeitwächter und ggf. Fragesteller, der den Gruppenprozess kritisch begleitet.
- Die Aufgaben werden gruppenweise bearbeitet.
- Abschließend präsentieren die Gruppen ihre Ergebnisse im Plenum (**Vortrag**, **Galeriegang**, **Rollenspiel**) und geben sich gegenseitig **Feedback**.

Beispiel:

Mögliche Unterthemen für eine Gruppenarbeit in Kl. 11:

Die Klasse hat den Film *"Slumdog Millionaire"* gesehen. Nun werden einzelne Filmszenen auf filmische Gestaltungsmittel und deren Wirkung untersucht:

1. *camera operations: long shot, full shot, close-up ...*
2. *camera movements: hand-held camera, static shot, zooming ...*
3. *camera positions: high-angle shot, eye-level shot ...*

Die Schüler ordnen sich den Unterthemen zu und analysieren ausgewählte Filmszenen.

Weitere Hinweise:

Bei themengleicher Gruppenarbeit bearbeiten alle Gruppen dieselbe Aufgabe. Anschließend werden die unterschiedlichen Lösungsansätze verglichen.

Themendifferenzierte Gruppenarbeit erlaubt eine Themenwahl nach persönlichem Interesse. Das arbeitsteilige Vorgehen stärkt das Gemeinschaftsgefühl, da die Schüler im Hinblick auf ein gutes Gesamtergebnis stärker aufeinander angewiesen sind.

Integriert man die Methode **Nummerierte Köpfe**, müssen alle Schüler so arbeiten, dass nachher jeder in der Lage ist, das Gruppenergebnis vorzustellen. Die Gruppenmitglieder zählen durch. Es präsentiert, wer die vom Lehrer ermittelte Zahl hat.

Kurzbeschreibung der Methode:

Bei der Lernspirale setzen sich Schüler in immer neuen Konstellationen mit einem anspruchsvollen englischen Text oder einem kontroversen Thema auseinander. Durch den Austausch mit wechselnden Lernpartnern können die Schüler ihr eigenes Verständnis vertiefen und erweitern. Die Lernspirale fördert das kritische Reflexionsvermögen sowie die Fähigkeit, eigene Standpunkte sachlich zu vertreten.

Durchführung:

- In der **Besinnungsphase** macht sich jeder Schüler mit dem Thema vertraut, aktiviert sein Vorwissen und klärt den eigenen Standpunkt. Eventuell fertigt er in **Einzelarbeit** Notizen an.
- Anschließend tauscht er in **Partnerarbeit** seine Lösungen / Thesen / Ansichten mit dem Tischnachbarn aus. Eine mögliche Aufgabe kann es sein, eine gemeinsame Lösung zu finden oder eine Einigung auf eine zentrale These zu erzielen.
- Nun finden sich jeweils zwei Paare zur **Gruppenarbeit** zusammen und treten in einen Erfahrungsaustausch. Auch hier steht das Bemühen um einen gemeinsamen Nenner im Zentrum. Ein Präsentator wird bestimmt, der das Gruppenergebnis im Plenum vorstellt.
- In der **Plenumsphase** werden die Ergebnisse präsentiert und diskutiert.

Beispiele:

Mögliche Themen für die Lernspirale:

1. *Should mobile phones be banned from school?*
2. *How can we make our school a little bit greener?*
3. *Arguments for and against fast food*
4. *Should smoking be allowed in restaurants?*
5. *The pros and cons of school uniforms*

Weitere Hinweise:

In der abschließenden **Reflexionsrunde** kann deutlich gemacht werden, dass diese Methode bei der Durchdringung komplexer Themen hilft, denn das Gruppenergebnis ist oft differenzierter als die Überlegungen eines Einzelnen. Diese Form der Auseinandersetzung mit einem Thema kann bei der Klärung eigener Ansichten helfen.

Kurzbeschreibung der Methode:

Die Wachsende Gruppe (*pyramid discussion*) ähnelt der **Lernspirale** und wird auch **Schneeball-Verfahren** genannt. Die Methode dient der Durchdringung komplexer Themen durch kooperative Arbeit und dient der Reduktion vielfältiger Ideen oder Meinungen zu einem Sachverhalt. Ihr Einsatz bietet sich an, wenn ein hoher Identifikationsgrad der Schüler mit dem gemeinsamen Arbeitsergebnis erreicht werden soll. Insgesamt ist diese Methode etwas stärker strukturiert als die **Lernspirale**.

Durchführung:

- Die Schüler erhalten etwa 10 Minuten Zeit, um die Aufgabe individuell und in Einzelarbeit zu bearbeiten und vier Vorschläge, Thesen oder Aspekte zu finden. Diese werden auf Moderationskarten notiert.
- In der nächsten Phase werden **Lerntandems** gebildet. Jeder Schüler tauscht sich mit seinem Nachbarn aus und einigt sich auf vier Favoriten aus den insgesamt vorliegenden acht Vorschlägen und Aspekten. Dafür gibt es wiederum 10 Minuten Zeit.
- Anschließend finden sich jeweils zwei Lerntandems zusammen. Die so entstandene Vierergruppe diskutiert ihre gesammelten Vorschläge und Aspekte und legt sich auf vier Favoriten fest. Zeit: etwa 15 Minuten.
- Nun werden jeweils zwei Vierergruppen zu einer Achtergruppe zusammengefasst. Es stehen also acht Vorschläge und Ideen zur Diskussion, die Gruppe soll sich auf maximal vier Favoriten einigen. (Wenn das erkennbar zu zeitaufwendig ist, dürfen ggf. auch mehr Vorschläge zugelassen werden.)
- Abschließend werden die Ergebnisse reihum im Plenum vorgestellt und diskutiert.

Kurzbeschreibung der Methode:

Diese Methode wird auch als Innenkreis / Außenkreis (*Inner-outer circle*) bezeichnet. Ein Kugellager dient dem Austausch von Informationen und schafft eine anregende Gesprächsatmosphäre, die es allen Schülern ermöglicht, sich unbefangen zu einem Thema zu äußern, ohne dabei vom Lehrer korrigiert zu werden. Es trainiert das freie Sprechen und gibt gerade schwächeren Schülern Sicherheit im mündlichen Englisch. Der Austausch im Kugellager eignet sich zum Einstieg in neue Themen, zur Meinungsbildung oder einfach zum *warming-up* am Stundenanfang.

Durchführung:

- Der Lehrer gibt ein Gesprächsthema vor und legt den zeitlichen Rahmen fest.
- Es werden zwei gleich große Gruppen gebildet: nach Zufall, Sympathie oder klaren Vorgaben (Jungen / Mädchen, starke / schwache Schüler etc.). Eine Gruppe bildet den Außenkreis, die andere den Innenkreis. Die Schüler setzen oder stellen sich so, dass sie sich *face-to-face* mit ihrem Gegenüber austauschen können (**Flüsterstimme**).
- Ein stehendes Kugellager lässt sich recht problemlos organisieren, z. B. im freien Raum vor der Tafel. Für den ausführlichen Austausch bieten sich zwei Stuhlkreise an. Bei ungerader Anzahl kommunizieren zwei Schüler als Paar mit ihrem Gegenüber.
- Wenn ein Signal ertönt, rücken die Schüler im Außenkreis zwei Plätze im Uhrzeigersinn weiter, sodass sich neue Paare bilden. Dieser Vorgang wird beliebig oft wiederholt.

Beispiele:

Mögliche Themen für ein Kugellager:

1. *What is your dream job?*
2. *What are you going to do in your summer holidays?*
3. *Are you a sporty person?*
4. *What did you do at the weekend?*
5. *What jobs do you do around the house?*

Kurzbeschreibung der Methode:

Grundprinzip dieser Methode ist das **Lernen durch Lehren**. Im Mittelpunkt steht die Erarbeitung von Wissen in themengleichen Expertengruppen und die anschließende Vermittlung des Erarbeiteten in gemischten Stammgruppen. Das Gruppenpuzzle fördert die Selbstständigkeit der Schüler und stärkt ihre Verantwortung für den gemeinsamen Lernprozess: Wer gut informiert werden will, muss selber auch gut informieren!

Durchführung:

- Der Lehrer unterteilt das Rahmenthema (siehe Beispiel) in mehrere Unterthemen (je nach Thema und Größe der Lerngruppe ca. vier).
- Nun werden vier gleich große Stammgruppen gebildet. Jedes Mitglied entscheidet sich für ein Unterthema und erhält eine entsprechende Nummer (1, 2, 3, 4).
- Die Schüler bearbeiten ihr Unterthema in der jeweiligen Expertengruppe. Dazu treffen sich alle Schüler mit der Nummer 1 in einer Gruppe, alle Schüler mit der 2 in einer anderen usw. Die Ergebnisse der Expertenarbeit werden schriftlich gesichert. Die Notizen bilden die Grundlage für die Weitergabe des Erarbeiteten in der nächsten Phase.
- Nach Rückkehr in die Stammgruppe stellen die Experten ihre Ergebnisse vor und beantworten Rückfragen.

Beispiele:

Rahmenthema: *short stories*
Die Lerngruppe hat erste Erfahrungen mit der Analyse von Kurzgeschichten gemacht. Nun wird eine weitere *short story* nach der Methode des Gruppenpuzzles erarbeitet, wobei die Schüler sich für eines der folgenden Unterthemen entscheiden:
setting: time, place, social situation of the protagonist …
atmosphere: mood of the text, the protagonist's state of mind …
characterisation: objective information, character traits ...
summary: outline of the story, topic and structure of the text …
Weitere Unterthemen: *point of view / narrator, use of symbols, the relationship between two or more characters …*

Weitere Hinweise:

Beim Gruppenpuzzle (*jigsaw classroom*) ist sichergestellt, dass jeder Schüler aktiv mitarbeitet. Wer in seiner Expertengruppe nicht aufpasst, kann nachher in der Stammgruppe keine Ergebnisse vermitteln. Da jedes Mitglied der Stammgruppe „drankommt", kann sich niemand entziehen.

Kurzbeschreibung der Methode:

Die recht anspruchsvolle Graffiti-Methode bietet sich an, wenn ein **Brainstorming** sehr strukturiert verlaufen soll. Die Methode erleichtert die wiederholende Vertiefung großer Wissensmengen und die sachgerechte Gliederung komplexer Themen. Damit ist ihr Einsatz z. B. bei der Vorbereitung einer Klausur denkbar. Sie trainiert schließlich auch die Fähigkeit, auf der Basis von Notizen sinnvoll strukturierte Texte zu erstellen. Eine Doppelstunde ist erforderlich, damit alle Arbeitsphasen von der Sammlung über die Strukturierung bis hin zur Ausformulierung vollständig durchlaufen werden können.

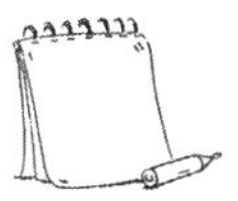

DIN-A3-Papier, Packpapier

Durchführung:

- Der Lehrer unterteilt das Rahmenthema in 5–6 Unterthemen. Eine entsprechende Anzahl von Tischgruppen wird kreisförmig im Raum arrangiert. Diese sind durchnummeriert. Auf jedem Tisch liegen Stift und Papier mit dem Unterthema / einer Frage. Die Schüler verteilen sich gleichmäßig um die Tische.
- Jede Gruppe erhält fünf Minuten Zeit, um Ideen zu sammeln und diese in loser Reihenfolge zu notieren. Ein Gong zeigt an, wann im Uhrzeigersinn gewechselt wird: Gruppe 1 geht zu Tisch 2, Gruppe 2 zu Tisch 3 usw. Am nächsten Tisch finden die Gruppen die Aufzeichnungen der Vorgänger, lesen diese und ergänzen sie mit eigenen Ideen.
- So wird regelmäßig gewechselt, bis alle Gruppen an jedem Tisch waren. Bei sechs Gruppen dauert diese Phase ca. 30 Minuten. Je weiter eine Gruppe kommt, desto länger ist die Liste der vorhandenen Notizen, und umso mehr muss sie sich auf noch fehlende Aspekte besinnen.
- Nach Abschluss des Rundgangs bilden die Schüler neue Gruppen und bearbeiten das Unterthema, das sie am meisten anspricht. In den nächsten 45 Minuten sichten sie die Notizen, strukturieren diese und erstellen eine sinnvolle Gliederung.
- Abschließend werden die Arbeitsergebnisse reihum im Plenum referiert, ggf. sorgt jede Gruppe dafür, dass sie für alle vervielfältigt werden. Die schriftlichen Gliederungen der Unterthemen stellen eine wichtige Hilfe bei der Vorbereitung auf die nächste Klausur dar.
- Eine weiterführende Aufgabe besteht darin, auf Basis der Gliederungen ausführliche Texte zum Thema zu verfassen.

Kurzbeschreibung der Methode:

Projektarbeit ist die kooperative Bearbeitung einer so komplexen Aufgabe, dass ein arbeitsteiliges Vorgehen unumgänglich ist. Charakteristisch für ihren idealtypischen Ablauf sind die weitgehend selbstständige Planung, Organisation, Durchführung und Evaluation aller Aufgaben durch die Schüler sowie die abschließende Zusammenführung der Teilergebnisse zu einem Ganzen. Das erfordert viel Zeit und nicht alles, was man heute als Projekt bezeichnet, wird den ursprünglich sehr hohen Ansprüchen an die Selbststeuerung der Schüler gerecht. Daher spricht man häufig eher von „projektartigen Arbeiten".

Text- und Bildmaterial sowie Hörbeispiele zum Thema, Aufnahmegeräte, Mikrofone, Klemmbretter, Weltkarte

Durchführung:

- Am Anfang des Projekts steht eine echte Fragehaltung der Klasse, ein wirkliches Interesse der Schüler, ein Problem, das vielleicht auch von gesellschaftlicher Relevanz ist (Beispiel: Schüler wollen die kritische Verkehrssituation im Stadtteil untersuchen und nach Lösungen forschen). In dieser **Orientierungsphase** entsteht die Projektidee.
- In der **Planungsphase** verschafft sich die Klasse einen Überblick über die Aufgaben. Es wird geklärt, wer mit wem und bis wann woran arbeitet. Projektziele und Präsentationsformen werden vereinbart.
- In der **Durchführungsphase** ist die Vielfalt der Aktivitäten typisch sowie das fächerübergreifende Lernen und das Aufsuchen außerschulischer Lernorte. Wichtige Prinzipien wie Handlungsorientierung, die Einbeziehung vieler Sinne oder Ganzheitlichkeit spielen eine zentrale Rolle.
- In der **Präsentationsphase** werden die Arbeitsprodukte (die Problemlösung, Antworten auf die Ausgangsfrage, die Dokumentation des Prozesses) der Klassen- oder Schulöffentlichkeit vorgestellt, in Form einer Ausstellung, durch Vorträge oder Filmdokumentation, einen Artikel in der Lokalpresse oder das Binden der Beiträge zu einem Buch.
- In der **Auswertungsphase** werden Produkte und Prozesse des Projektablaufs kritisch in der Lerngruppe ausgewertet.

Beispiel:

Das „Airport-Projekt"

Das bekannte „Airport-Projekt" ist Schulen zu empfehlen, die einen Flughafen in erreichbarer Nähe haben. Sinnvoll ist es, dafür eine ganze Projektwoche einzuplanen, denn die vorbereitenden, begleitenden und nachbereitenden Aktivitäten erlauben ein sehr differenziertes und nachhaltiges Lernen mit motivierten Schülern. Im Mittelpunkt steht der Besuch eines Flughafens, wo die Klasse **Interviews** mit ausländischen Reisenden durchführt. Bei Fünft- und Sechstklässlern nehmen sich Reisende meist recht bereitwillig Zeit für ein Interview.

1. Vor dem Flughafenbesuch:

- Die Schüler erschließen sich das Wortfeld „*airport*" durch die Arbeit mit **Mindmaps** etc. und stellen die benötigten Redemittel zusammen.
- Sie üben sich im Lesen von Flugplänen und Anzeigetafeln und trainieren das Verstehen typischer *announcements*.
- Sie organisieren Aufnahmegeräte und Mikrofone und machen sich mit der Benutzung vertraut.
- Der Lehrer holt bei der Flughafenverwaltung eine Genehmigung für die Befragung von Fluggästen im Abreise- und Ankunft-Terminal ein.
- Interviews werden im **Rollenspiel** vorbereitet. ("*Why are you at the airport? Where are you from?*")
- Höflichkeitsfloskeln werden eingeübt. ("*Excuse me, please. May I ask you a few questions?*")

2. Am Flughafen:

- Die Schüler führen zu zweit Interviews durch. Das gibt Sicherheit und zur Not kann der Partner aushelfen, wenn er den Fluggast besser versteht.
- Andere übernehmen andere Aufgaben: Sie untersuchen Möglichkeiten für Menschen mit eingeschränkter Mobilität, entdecken Piktogramme und deren deutsche / englische Bedeutungen, orientieren sich im Flughafen und lernen verschiedene Bereiche und die englischen Fachbegriffe dazu kennen (*Travel Market, First Aid, Customs, Lost & Found …*).

3. Nach dem Flughafenbesuch:

- Die Schüler hören ihre Aufnahmen ab und transkribieren Interviews. Diese werden eingeübt und mit verteilten Rollen vorgespielt.
- Die Herkunfts- und Zielorte der Interviewpartner werden auf einer Weltkarte markiert.
- Einige Schüler stellen Ergebnisse aus den Erkundungsgängen vor.
- Andere studieren Rollenspiele ein (z. B. *At the infodesk, At the lost property office*) und präsentieren sie der Klasse.
- Die Schüler schreiben fiktive Urlaubskarten und Briefe.

Bewegungsspiele *14, 33*
Bienenkorb *25*
Blindfolded *33*
Brainstorming *59*
Bücherkiste *17*

Clustern *12*

Dramatic reading *21*
Drei-Schritt-Interview *32*

Echo-Methode *37*
English corner *13, 53*

Feedback *29, 43, 44, 45, 54*
Fishbowl *27*
Flüsterstimme *25, 57*
Freiarbeit *47, 53*
Fünf-Gang-Lesemethode *19*
Fünf-Schritte-Lesetechnik *19*

Galeriegang *30, 54*
Graffiti *59*
Großes Fragezeichen *34*
Gruppenarbeit *54*
Gruppenpuzzle *58*

Heißer Stuhl *34*
Holiday Museum *28*

Ideensammlung *11*
Ideensonne *11, 40*
Information gap activities *26*
Interview *32, 60*

Kooperative Lernformen *54, 56, 60*
Kreative Schreibanlässe *40*
Kugellager *57*
Kurzvortrag *29*

Laufdiktat *38*
Lautes Lesen *20*
Lautlese-Tandem *20*
Lehrwerk-Rallye *49*
Lernbox *9*
Lernen durch Lehren *18, 58*
Lernspirale *55, 56*
Lernstandsgespräch *46*
Lerntandem *41, 56*
Lerntagebuch *53*
Lerntheke *50, 51, 52*
Lernzirkel *51, 52*
Lesepatenschaft *20*
Lesetagebuch *17*
Lückentext *21*

Methode 66 *25*
Metaplanwand *12*
Mindmap *12, 19, 61*
Mixed-up stories *15*
Moderationskarten *12*
Mönchsgang *8*
Murmelgespräch *25*
Museumsrundgang *30*

Nummerierte Köpfe *54*

Pantomime *34*
Placemat *23*
Platzdeckchen *23*
Portfolio *39*
Positionslinie *24*
Pre-, while- und post-listening activities *19, 35*
Projektarbeit *60*

Rallye *34*
Reading house *17*
Reziprokes Lesen *18*
Robot game *33*
Rollenspiel *18, 20, 32, 35, 52, 54, 61*
Rot oder Grün? *34*

Satzbaukasten *39*
Schneeball-Verfahren *56*
Scrambled sentences *15*
Selbsteinschätzung *46, 47*
Selbsteinschätzungsbogen *46, 47*
Simon says *33*
Spickzettelmethode *41*

Standbild *16*
Stationenlernen *10, 51, 52*
Stummes Schreibgespräch *42*
Szenisches Lesen *21*

Think – pair – share *25*
Three minutes talk *22*
Total physical response *14*
Traumreise *36*

Verwechslungsgeschichten *15*
Vier-Ecken-Methode *31*
Vokabelheft *6*
Vokabelkartei *9*
Vokabeln mit allen Sinnen *8*
Vokabeltrainer *7*
Vorbereitung auf Klassenarbeiten *48, 59*
Vorlesewettbewerb *21*

Wachsende Gruppe *56*
Walk and talk *26*
Wettkampfspiele *6, 34*
Wimmelbild *40*
Wochenplan *45, 53*
Wörterbuchtraining *10, 17*
Wortkarten *34*
Wortschatzarbeit *6, 13*
Wortschlange *21*